Nach dem Tod existiert die Seele Ja! Ein Blick ins Jenseits

Leben nach dem Tod? Fortexistenz nach dem Tode.
Forschung bestätigt: das menschliche Bewusstsein überlebt den biologischen Tod

Heinz Duthel

ISBN 9783738648744
Heinz Duthel
www.bod.de

Das Bewusstsein ist neben Raum, Zeit, Materie und Energie ein weiteres Grundelement der Welt, sagen einige Forscher. Sie weisen damit einen Weg von der Wissenschaft zur Religion.

"Was wir Diesseits nennen, ist im Grunde die Schlacke, die Materie, also das, was greifbar ist. Das Jenseits ist alles Übrige, die umfassende Wirklichkeit, das viel Größere",

Âme - Seele

Könnte man in die eigene Seele blicken, wäre dies eine gute Sache. ‚Erkenne Dich Selbst" ist eine vortreffliche Verhaltensregel, aber nur Gott vermag sie anzuwenden, denn wer außer ihm wäre in der Lage, sein eigenes Wesen zu erkennen?
‚Seele' nennen wir, was mit Leben erfüllt. Mehr wissen wir, weil unser Verstand beschränkt ist, leider nicht. Drei Viertel der Menschheit geht darüber nicht hinaus und hat an der Seele kein Interesse, das andere Viertel sucht und findet nichts, noch wird jemals irgend jemand etwas finden.

Armer Philosoph, du siehst, wie eine Pflanze wächst und sagst ‚Wachstum' oder sogar ‚vegetative Seele'.1 Du bemerkst, wie sich Körper bewegen und etwas in Bewegung setzen und sagst: „Kraft"; du erlebst, wie dein Jagdhund durch dich zu jagen lernt und da entfährt es dir ‚Instinkt', hast du zusammenhängende Gedanken, sagst du: „Geist". Aber mit Verlaub, was meinst Du mit diesen Wörtern? Diese Pflanze wächst, aber gibt es ein reales Wesen, das „Wachstum" heißt? Dieser Körper stößt einen anderen an, aber besitzt er an sich ein erkennbares Wesen, das sich „Kraft" nennt? Dieser Hund bringt dir ein Rebhuhn, aber ist dabei ein Wesen namens Instinkt beteiligt? Würdest du nicht auch über einen Klugschwätzer lachen (und selbst wenn es der Lehrmeister von Alexander dem Großen wäre), der dir erzählte: „Alle Tiere leben, also gibt es in ihnen ein selbständiges Sein, eine substantielle Form, die das „Leben" ist"? Wenn nun die Tulpe sprechen könnte und zu dir sagte: „Mein Wachstum und ich sind offensichtlich zwei miteinander verbundene Wesen" - würdest du die Tulpe da nicht auslachen?

Sehen wir uns zunächst einmal an, was du weißt und worüber du dir sicher sein kannst: nämlich, dass du mit deinen Füssen gehst, mit deinem Magen verdaust, mit deinem ganzen Körper fühlst und mit deinem Kopf denkst. Sehen wir einmal, ob dir dein Verstand allein genügend Aufklärung verschafft und dich - ohne Rückgriff auf Übernatürliches – zu dem Schluss gelangen lässt, dass du eine Seele besitzt.

Die ersten Philosophen, gleichgültig, ob sie Chaldäer oder Ägypter waren, sagen: „Es muss in uns etwas geben, das unsere Gedanken erzeugt, dieses Etwas muss sehr fein sein, es ist ein Hauch, es ist Feuer, es ist Äther, es ist das Feinste, es ist ein flüchtiges Trugbild, es ist die sich verwirklichende Form, eine Zahl, es ist eine Harmonie." Schließlich, dem göttlichen Platon zufolge, ist es ein Verbundensein des Selbst und des Anderen. Es sind die Atome, die in uns denken, hat Epikur nach Demokrit gesagt. Aber, mein Freund, wie denkt ein Atom? Gib zu, dass du keine Ahnung davon hast.

Zweifellos muss man sich der Ansicht anschließen, dass die Seele ein immaterielles Wesen ist, aber was es mit diesem immateriellen Wesen auf sich hat, versteht ihr bestimmt nicht. „Nein", antworten die Gelehrten, „aber wir wissen, dass es ihrer Natur entspricht, zu denken". Und woher wisst ihr das? „Wir wissen es, weil sie denkt"2. Oh ihr Gelehrten!

Ich fürchte, ihr seid zumindest ebenso unwissend wie Epikur: es ist die Natur eines Steins, zu fallen, weil er fällt - aber ich frage euch, was bewirkt, dass er fällt? „Wir wissen", fahren sie fort, „dass ein Stein keine Seele hat". Einverstanden, davon bin ich genauso überzeugt wie ihr. „Wir wissen auch, dass eine Negation und eine Affirmation nicht teilbar, also nicht materiell sind." Da bin ich ganz eurer Ansicht. Aber die Materie, die uns übrigens unbekannt ist, besitzt ebenfalls nicht-materielle Eigenschaften, die nicht teilbar sind. So wird sie von der Schwerkraft gegen ein Zentrum hingezogen, das Gott ihr gegeben hat. Nun hat diese Gravitation keine Teile und ist überhaupt unteilbar. Der Kraft, die Körper bewegt, kommt nicht ein aus Teilen zusammengesetztes Sein zu. Das Wachstum belebter Körper, ihr Leben, ihr Instinkt, sind ebenfalls keine einzelnen, unterteilbaren Dinge. Das Wachstum einer Rose, das Leben eines Pferdes, den Instinkt eines Pferdes könnt ihr ebenso wenig in zwei Teile schneiden wie eine Empfindung, eine Negation, eine Affirmation. Euer schönes Argument von der Unteilbarkeit des Denkens beweist folglich nicht das Geringste.
Was also ist eure Seele? Welche Vorstellung habt ihr davon? Ohne Offenbarung könnt ihr in euch nichts anderes annehmen als eine Kraft zu fühlen und zu denken, die euch unbekannt ist. Zunächst sagt mir aus freien Stücken, ob diese Kraft zu fühlen und zu denken dieselbe ist, die euch die Fähigkeit verleiht, zu verdauen und zu gehen? Ihr gebt zu, dass das nicht der Fall ist, denn euer Verstand könnte eurem Magen wohl sagen: verdaue - er macht nichts dergleichen, wenn er krank ist; vergebens würde euer

immaterielles Wesen den Füßen befehlen, zu gehen - wenn sie die Gicht haben, verharren sie an Ort und Stelle.

Den Griechen war sehr wohl bewusst, dass das Denken oftmals nichts mit dem Zusammenwirken unserer Organe zu tun hat. Den Organen haben sie eine animalische Seele zugewiesen und dem Denken eine feinere, subtilere Seele.

Doch seht, wie diese denkende Seele bei tausend Gelegenheiten über die animalische Seele die Aufsicht führt. Die denkende Seele befiehlt ihren Händen zu nehmen und sie nehmen. Doch befiehlt sie nicht dem Herzen zu schlagen, dem Blut zu fließen, den Verdauungssäften, sich zu bilden, all dies geschieht ohne ihre Einwirkung: da wären also zwei beschränkte Seelen, die recht wenig Herr im eigenen Hause sind.

Demnach existiert diese erste animalische Seele gewiss nicht, denn sie ist nichts anderes als die Bewegung euerer Organe. Oh Mensch, nimm dich in Acht, wenn dir deine schwache Vernunft keinen anderen Beweis von der Existenz dieser Seele liefert, kann dir Gewissheit nur der Glaube geben. Du bist geboren, du lebst, du handelst, du denkst, wachst, schläfst, ohne zu wissen, warum. Gott hat dir die Fähigkeit zu denken gegeben, wie er dir auch das Übrige gab, und hätte dir nicht seine göttliche Vorsehung eingegeben, dass du eine immaterielle und unsterbliche Seele besitzt, so hättest du keinen einzigen Beweis von ihr.

Lasst uns die großartigen Systeme betrachten, die deine Philosophie über diese Seelen fabriziert hat. Das eine besagt, dass die Seele ein Teil der göttlichen Substanz selbst ist, das andere, dass sie ein Teil des großen Ganzen sei, ein drittes, dass sie von Ewigkeit an geschaffen sei, ein viertes, dass sie gemacht und nicht geschaffen wurde. Andere wiederum versichern, dass Gott die Seelen nach Maß so anfertigt, wie man's braucht und dass sie zum Zeitpunkt der Befruchtung ankämen. "Sie lassen sich in den Samentierchen nieder", ruft dieser – "Nein", sagt jener, "sie bewohnen den Eileiter" – "Ihr habt alle Unrecht" meint einer, der zufällig dazukommt, "die Seele wartet sechs Monate, bis sich der Fötus herausgebildet hat, dann besetzt sie die Zirbeldrüse, findet sie aber einen falschen Keim, zieht sie sich zurück und wartet auf eine bessere Gelegenheit." Die letzte Meinung ist, dass das Corpus callosum ihre Behausung sei, dies ist der Ort, den ihr La Peyronie zuweist, man muss erster Chirurg des Königs von Frankreich sein, um solcherart über den Aufenthalt der Seele bestimmen zu können. Jedoch war seinem Corpus callosum nicht die gleiche Karriere beschieden, wie dem Chirurgen selbst.

Der heilige Thomas sagt in seiner 75. und in den folgenden Betrachtungen, dass die Seele eine für sich existierende Form sei, dass sie das Ganze überhaupt sei, dass sich ihr Wesen von ihrer Kraft unterscheide; dass es drei vegetative Seelen gebe, nämlich die ernährende, die vermehrende, die erzeugende; dass die Erinnerung an geistige Dinge geistig sei, die an körperliche körperlich; dass die vernünftige Seele ein

Gebilde sei „immateriell hinsichtlich der Handlungen und materiell hinsichtlich des Seins". Der heilige Thomas hat mit ebensolcher Kraft und Deutlichkeit 2000 Seiten geschrieben und deshalb ist er der gute Engel der Scholastik.

Nicht weniger Systeme hat man sich über die Art einfallen lassen, wie diese Seele fühlt, wenn sie ihren Körper, durch den sie fühlte, verlassen hat; wie sie hört ohne Ohren, riecht ohne Nase und berührt ohne Hand; welchen Leib sie dann am ehesten einnehmen werde, ob es derjenige wäre, den sie im Alter von 2 oder jener, den sie im Alter von 80 Jahren innehatte; wie das Ich, die Identität der Person, überdauern könnte. Ob die Seele eines Mannes, der mit 15 Jahren schwachsinnig wurde und im Alter von 70 Jahren schwachsinnig starb, an die Gedanken anknüpfen würde, die sie hatte, als er in der Pubertät war. Durch welchen geschickten Trick eine Seele, deren Bein in Europa abgetrennt wurde und die einen Arm in Amerika verlor, Bein und Arm wiederfände, welche, da sie sich unterdessen in Gemüse verwandelt haben, ins Blut eines anderen Tieres übergegangen sind. Man würde nie ein Ende finden, wollte man von all den Narrheiten berichten, die sich die arme Menschenseele über sich selbst eingebildet hat.

Was sehr bemerkenswert ist: In den Gesetzen des auserwählten Volkes wird nicht ein Wort über die Geistesnatur oder die Unsterblichkeit der Seele verloren, nichts in den 10 Geboten, nichts im Leviticus3* und nichts im Deuteronomium.

Es ist absolut unbezweifelbar, dass Moses den Juden nirgendwo Belohnung oder Strafen in einem anderen Leben verspricht, er spricht nie zu ihnen von der Unsterblichkeit ihrer Seelen, er macht ihnen keine Hoffnung auf den Himmel, bedroht sie nicht mit der Hölle: alles ist irdisch. Er sagt zu ihnen vor seinem Tode in seinem Deuteronomium:

„Wenn ihr Kinder und Enkel gezeugt habt und vergesst eure Pflichten, werdet ihr vernichtet werden im Lande und sollt eine kleine Nummer sein unter den Völkern"

„Ich bin ein eifersüchtiger Gott, der die Sünden der Väter bis in die 3. und 4. Generation bestraft"

„Ehret Vater und Mutter, dann werdet ihr lange leben"

„Ihr werdet zu essen haben, ohne jemals Mangel zu leiden"

„Wenn ihr fremden Göttern folgt, werdet ihr zerstört...

„Wenn ihr gehorcht, werdet ihr Regen im Frühjahr, Weizen im Herbst haben, Öl, Wein, Heu für euer Vieh, damit ihr esst und zur Genüge satt werdet" (11,14)

„Tragt diese Worte im Herzen, in euren Händen, zwischen euren Augen, schreibt sie über eure Türen, damit sich eure Tage vermehren."(11,18)

„Tut, was ich euch befehle, ohne etwas hinzuzufügen noch wegzunehmen"

„Wenn sich ein Prophet erhebt, der Wunderdinge weissagt und wenn seine Weissagung, von der er gesprochen hat, eintritt, und er sagt zu euch´: „Lasst uns den fremden Göttern folgen", tötet ihn auf der Stelle und das ganze Volk erschlage ihn nach euch."(13,2 und 13,10)

„Wenn der Herr euch Völker ausgeliefert hat, erwürgt jeden, ohne einen einzigen Mann zu verschonen und habt mit niemandem Mitleid.(20,13)

„Esst keine unreinen Vögel wie den Adler, den Greif, den Ixion"(14,12)

„Esst keine Tiere, die wiederkäuen und deren Klauen nicht gespalten sind wie das Kamel, den Hasen, das Stachelschwein usw." (14,7)

„Befolgt ihr die all die Gebote, werdet ihr gesegnet sein in der Stadt und auf den Feldern, die Früchte eures Leibes, eurer Erde, eures Viehs werden gesegnet sein" (28,3)

„Wenn ihr nicht alle Gebote und alle Zeremonien befolgt, werdet ihr verdammt in der Stadt und auf den Feldern, ihr werdet Hunger, und Armut erleiden, werdet von Elend, Kälte, Armut, Fieber sterben. Ihr bekommt den Grind, die Krätze, Fisteln, ihr werdet Geschwüre an Knien und Waden haben." (28,16; 28,17; 28,35)

„Der Fremde wird euch zu Wucherzinsen leihen, ihr werdet ihm nicht auf Wucherzinsen leihen können, weil ihr dem Herrn nicht gedient habt" (28,44)

„Und ihr sollt die Frucht eures Leibes essen und das Fleisch eurer Söhne und eurer Töchter"(28,53), usw.

Es ist offensichtlich, dass all diese Versprechungen und Drohungen von nichts als Irdischem handeln enthalten und dass man kein Wort über die Unsterblichkeit der Seele oder über das zukünftige Leben darin findet. Mehrere hochberühmte Kommentatoren haben geglaubt, dass Moses über diese beiden wichtigen Dogmen bestens Bescheid gewusst habe und sie beweisen dies mit den Worten Jakobs, der, als er seinen Sohn von Tieren zerrissen glaubte, in seinem Schmerz ausrief „Ich werde mit meinem Schmerz in die Grube fahren, ins Inferno, in die Hölle"; das heißt: ich werde sterben, da mein Sohn tot ist. Sie führen darüber hinaus Beweis mit Passagen des Jesaja und des Hesekiel - aber die Hebräer, zu denen Moses sprach, konnten weder Hesekiel noch Jesaja, die bloß einige Jahrhunderte später lebten, gelesen haben. Es ist reichlich sinnlos, über Moses' verborgene Gefühle zu streiten: Tatsache ist, dass er in den Gesetzen des öffentlichen Lebens nie über zukünftiges Leben spricht und alle Strafen oder Belohnungen auf das irdische Leben begrenzt. Wenn er von dem künftigen Leben wusste, warum hat er dann dieses wichtige Dogma nicht ausdrücklich erwähnt? Und falls er es nicht gekannt hat, was war dann der Zweck seiner Mission? Dies ist eine Frage, die sich viele große Persönlichkeiten stellen. Sie antworten, dass Moses' und aller Menschen Herr sich das Recht vorbehielt, den Juden zu einer von ihm bestimmten Zeit eine Lehre zu erklären, die sie während ihres Aufenthalts in der Wüste nicht imstande gewesen seien, zu verstehen. Wenn Moses das Dogma der Unsterblichkeit verkündet hätte, so wäre es nicht von einer der großen Gelehrtenschulen der Juden immerzu bekämpft worden, die große Schule der Saduzäer wäre nicht staatlicherseits zugelassen, nicht mit den ersten Aufgaben des Staates betraut worden und man hätte nicht die Hohenpriester aus ihrer Mitte gewählt.

Es scheint, als hätten sich die Juden erst nach der Gründung Alexandrias in 3 Sekten aufgeteilt: die Pharisäer, die Sadduzäer und die Essener. Der Historiker Josephus5, ein Pharisäer, erklärt uns im XIII. Buch seiner Altertümer, dass die Pharisäer an die Seelenwanderung glaubten, die Sadduzäer, an den Untergang der Seele mit dem Körper, die Essener - sagt ebenfalls Josephus - hielten die Seele für unsterblich. Nach ihnen kämen die Seelen aus den höchsten Schichten der Atmosphäre in luftiger Form zu den Körpern herunter, wo sie von einer gewaltigen Anziehungskraft festgehalten würden und dass nach dem Tod diejenigen, welchen guten Menschen angehört haben, jenseits des Ozeans leben würden, in einem Land, wo es weder Warm noch Kalt, weder Wind noch Regen gibt. Die Seelen der Bösen kommen in ein völlig entgegengesetztes Klima. ***Solcherart war die Theologie der Juden.***

Derjenige aber, der als einziger die ganze Menschheit lehren sollte, verurteilte alle drei Sekten, doch ohne ihn hätten wir niemals etwas über unsere Seele erfahren können, weil ja die Philosophen zu keiner Zeit eine konkrete Vorstellung von ihr hatten und Moses, der einzige Mensch, der mit Gott von Angesicht zu Angesicht sprach und ihn dabei nur von hinten sah, hat die Menschen in einer tiefen Unkenntnis über diesen erhabenen Gegenstand zurückgelassen.

Also erst seit 1700 Jahren ist man sich der Existenz der Seele und der Unsterblichkeit gewiss. Cicero hatte nur Vermutungen, seine Enkel konnten die Wahrheit von den ersten Galiläern, die nach Rom kamen, erfahren. Aber vor dieser Zeit und auch danach sagte jedermann auf der ganzen übrigen Welt dort, wo die Apostel nicht hinkamen, zu seiner Seele: „Wer bist du, woher kommst du, was tust du, wohin gehst du?" Du hast etwas an dir, das denkt und fühlt, aber auch wenn du hunderttausend Millionen Jahre fühlst und denkst, wirst du doch niemals aus eigener Erkenntnis, ohne die Hilfe eines Gottes, mehr darüber wissen können. Oh Mensch, dieser Gott hat dir den Verstand gegeben, damit er dich gut leite, aber nicht, damit du in das Wesen der Dinge vordringst, die er geschaffen hat.

1 - Hier und im Folgenden macht sich Voltaire über die Lehre Aristoteles' lustig, der die anima vegetativa von der anima sensitiva und der anima intellectiva, der menschlich-geistigen Seele, unterscheidet (die erste bewirkt die räumliche Fortbewegung, die zweite die Empfindungen). Er stellt die Seele allgemein als Beweggrund alles Lebendigen vor, die das Materielle ‚bewegt'. Auf Aristoteles berufen sich traditionell katholische Gelehrte, denn aus seinem „Bewegenden" destillieren sie mit leichter Hand den heiligen Geist persönlich.

2 - Die Substanzenlehre des Aristoteles, nach der es 3 Substanzen gibt: Stoff (die Materie), Form (der Begriff) und einzelnes Ding, dessen Existenz eine Verbindung von stofflicher Substanz und Form ist.

3 - Als Leviticus wird das 3. Buch Mose bezeichnet

4 - Deuteronomium – so nennt man das 5.Buch Mose, in dem die Gebote, die Vorzüge, wenn man sich an sie hält, und natürlich die schrecklichen Folgen, wenn man ihnen zuwiderhandelt, weitläufig verkündet werden, Voltaire fasst verschiedene Verse zusammen oder gibt sie sinngemäß wieder. Wo der Bezug eindeutig ist, haben wir den Vers - immer aus Mose 5 - angegeben. Es ist offensichtlich, dass Voltaire die Gelegenheit nutzt und Stellen für die grausame Unerbittlichkeit der Bibel vorführt, die nicht zur eigentlichen Beweisführung dienen - es sind Textbelege wider Judentum und Christentum, die sich beide auf das alte Testament berufen.

5 - Josephus – der Historiker Josephus Flavius,veröffentlichte um das Jahr 93 unserer Zeitrechnung seine 'Jüdischen Altertümer' - in denen er, obwohl sonst recht ausführlich, Jesu mit keiner

Silbe erwähnt. Deshalb lässt die Kirche später einen kleinen Abschnitt einfügen, der sich dem Leben Jesu widmet, das sogenannte 'Testimonium Flavianum' (nach Deschner, Abermals krähte der Hahn, S.15).

Voltaire über die Seele.

Menschen mit Nahtoderlebnissen berichten von rätselhaften Phänomenen – häufig von einem Tunnel, an dessen Ende Licht erstrahlt. Auch seriöse Forscher behaupten: Die Seele gibt es wirklich, und das unsterbliche Bewusstsein ist genauso wie Raum, Zeit, Materie und Energie ein Grundelement der Welt.

Gewöhnlich nur im engsten Freundeskreis berichtet der amerikanische Chemiker James Grant, der mehrere Jahre in Deutschland an einem Max-Planck-Institut tätig war, über ein sonderbares Erlebnis während seines Studiums, das er nicht nur in den USA, sondern auch in London absolviert hatte. Da im Studentenheim kein Platz mehr frei gewesen sei, habe er sich gleich nach seiner Ankunft in eine Warteliste eingetragen. Unerwartet rasch sei jedoch ein Zimmer frei geworden.

Kurz nach dem Einzug sei er eines Nachts aufgewacht und habe in seinem Zimmer im Schein einer Straßenlaterne einen jungen Mann mit schwarzem, lockigem Haar bemerkt. Er habe sich furchtbar erschreckt und dem vermeintlichen Nachbarn gesagt, dass er sich wohl im Zimmer geirrt habe. Doch dieser habe überhaupt nicht reagiert, sondern ihn nur tieftraurig angeschaut. Nach dem Einschalten des Lichtes sei die Gestalt nicht mehr wahrnehmbar gewesen.

"Da ich mir absolut sicher war, dass ich nicht geträumt hatte, erzählte ich am nächsten Morgen der

Heimleiterin von der seltsamen Begegnung und beschrieb ihr genau, wie der junge Mann ausgesehen hat", berichtet Grant. Daraufhin habe diese kurz im Archiv gesucht und ihm ein Foto gezeigt, auf dem er sofort den jungen Mann erkannt habe. Das schier Unglaubliche beschreibt Grant wie folgt: "Als ich sie fragte, um wen es sich handele, erwiderte sie mit bebender Stimme, dass es mein Vormieter gewesen sei, der sich kurz zuvor das Leben genommen habe."

Die Geschichte klingt nach Halluzination oder Esoterik. Immerhin: Die Quelle ist ein vertrauenswürdiger Naturwissenschaftler. Nicht minder fantastisch ist die Vision, die der schwedische Naturwissenschaftler und Theologe Emanuel von Swedenborg (1688 bis 1772) nach bezeugten Quellen im Jahr 1759 gehabt haben soll: Er hatte eines Abends die Vision, dass im 450 Kilometer entfernten Stockholm, seiner Heimatstadt, ein Feuer ausgebrochen, aber einige Häuser vor seiner Wohnung zum Stillstand gekommen sei. Ein Bote hatte später seine Eingebung bestätigt. Professor Hans Schwarz, Ordinarius für Evangelische Theologie an der Universität Regensburg, studierte hierzu die zeitgenössischen Quellen und kam zu dem Schluss, dass Swedenborgs Bericht glaubwürdig ist.

Erstaunlicherweise gibt es aber eine Vielzahl von Menschen, die im Gespräch unter vier Augen von Erlebnissen berichten, die nach landläufiger Meinung als übernatürlich gelten. Aus Furcht, fortan als unglaubwürdig abgestempelt zu werden, scheuen die meisten von ihnen jedoch das Rampenlicht der Öffentlichkeit.

Hat die Naturwissenschaft etwas zu solchen Vorstellungen zu sagen? Inzwischen gibt es eine Reihe von namhaften Physikern, die solche Effekte für real halten. Dabei kommen sie zu dem revolutionären Schluss, dass es eine physikalisch beschreibbare Seele gibt. Das Fundament für die atemberaubende These liefert das quantenphysikalische Phänomen der Verschränkung.

Einstein ist auf Effekt der "Spukhaften Fernwirkung" gestoßen

Bereits Albert Einstein ist auf diesen seltsamen Effekt gestoßen, hat ihn aber als "spukhafte Fernwirkung" später zu den Akten gelegt. Erst in jüngerer Zeit hat unter anderen der Wiener Quantenphysiker Professor Anton Zeilinger den experimentellen Nachweis dafür geliefert, dass dieser Effekt in der Realität tatsächlich existiert. Und auch einer der renommiertesten Quantenphysiker der Gegenwart, Professor Hans-Peter Dürr, ehemaliger Leiter des Max-Planck-Instituts für Physik in München, vertritt heute die Auffassung, dass der Dualismus kleinster Teilchen nicht auf die subatomare Welt beschränkt, sondern vielmehr allgegenwärtig ist.

Der Dualismus zwischen Körper und Seele ist für ihn ebenso real wie der Welle-Korpuskel-Dualismus kleinster Teilchen, also die Tatsache, dass Licht beide scheinbar gegensätzlichen Formen annehmen kann: elektromagnetische Welle und "handfestes Teilchen". Seiner Auffassung nach existiert auch ein universeller Quantencode, in den die gesamte lebende und tote Materie eingebunden ist. Dieser Quantencode soll sich seit dem Urknall über den gesamten Kosmos erstrecken.

Konsequenterweise glaubt Dürr an eine Existenz nach dem Tode. *"Was wir Diesseits nennen, ist im Grunde die Schlacke, die Materie, also das, was greifbar ist. Das Jenseits ist alles Übrige, die umfassende Wirklichkeit, das viel Größere"*, zeigt er sich überzeugt. Insofern sei unser gegenwärtiges Leben bereits vom Jenseits umfangen.

Ganz neu sind solche Ideen nicht, denn der *Psychologe und Psychiater Carl Gustav Jung hat mit dem Physiker und Nobelpreisträger Wolfgang Pauli* bereits ab 1947 einen lebhaften Briefwechsel geführt und nach einer physikalischen Deutung sogenannter Synchronizitäten gesucht. Dahinter verbergen sich Zufälle oder zeitnah aufeinander folgende Ereignisse, die nicht über eine Kausalbeziehung verknüpft sind, vom Beobachter jedoch als "sinnhaft" und logisch empfunden werden.

Erstaunlicherweise wurde der intensive Briefwechsel zwischen Jung und Pauli über ein halbes Jahrhundert lang nicht weiter zur Kenntnis genommen. *Offensichtlich war die Vorstellung, dass Seelenzustände und die unbelebte Welt miteinander verknüpft und aufeinander wirken sollten, der Forscherelite zu verwegen für eine ernsthafte Diskussion.*

Schützenhilfe hat Vorreiter Dürr unterdessen vor Kurzem von dem Heidelberger Physiker Professor Markolf H. Niemz bekommen. Dieser glaubt, dass sich nach dem Tod eines Menschen die Seele mit Lichtgeschwindigkeit verabschiedet. Niemz lehrt an der Universität Heidelberg Medizintechnik. Daneben beschäftigt er sich intensiv mit der Nahtodforschung. Letztere lieferte die entscheidenden Impulse für seine These.

Betroffene fühlen sich in eine Art Tunnel hineingezogen

Bei einem sogenannten Sterbeerlebnis erfährt der Betroffene plötzlich das Gefühl, dass sich seine Seele von seinem physischen Körper trennt und über dem Schauplatz der Ereignisse zu schweben scheint. Nur Augenblicke später scheint sich eine Art Tunnel zu öffnen. In ihn fühlt sich der Betroffene "hineingezogen" und schwebt bis zu einem hellen, nicht blendenden Licht an dessen Ende.

Bei diesem "Licht am Ende des Tunnels" sieht Niemz Parallelen zu einer simulierten Reise in einem Raumschiff nahe der Lichtgeschwindigkeit. Dabei wird durch den sogenannten Searchlight-Effekt der Eindruck erweckt, als bewege sich alles von vorn auf den Betrachter zu. Einen ähnlichen Effekt beobachten wir bei einer Autofahrt durch winterliches Schneegestöber.

In ganz ähnlicher Weise führt dieser Effekt bei einem schnell bewegten Objekt, das sich mit annähernder Lichtgeschwindigkeit durch das Weltall bewegt, zu einer Bündelung der Lichtstrahlen von vorn, während die übrigen Teile des Alls mit Annäherung an die Lichtgeschwindigkeit immer dunkler erscheinen. Dabei hat der Betrachter das Gefühl, durch eine dunkle Röhre hindurch eine strahlende Lichtquelle am Ende dieses fiktiven Tunnels anzusteuern.

Auch Christian Hellweg ist von dem Quantenzustand des Geistes überzeugt. Der Wissenschaftler hat sich nach dem Abschluss seines Physik- und Medizinstudiums am Max-Planck-Institut für biophysikalische Chemie in Göttingen jahrelang mit der wissenschaftlichen Erforschung der Hirnfunktionen beschäftigt. Seine These bringt er wie folgt auf den Punkt: "Die Eigenschaften des Geistigen entsprechen haargenau denjenigen Charakteristika, die die äußerst rätselhaften und wunderlichen Erscheinungen der Quantenwelt auszeichnen."

Der vor zwei Wochen verstorbene, legendäre amerikanische Physiker Professor John A. Wheeler sagte: "Viele Physiker hofften, dass die Welt in gewissem Sinne doch klassisch sei – jedenfalls frei von Kuriositäten wie großen Objekten an zwei Orten zugleich. Doch solche Hoffnungen wurden durch eine Serie neuer Experimente zunichtegemacht."

Last, not least macht auch der britische Kernphysiker und Molekularbiologe Jeremy Hayward von der Universität Cambridge aus seiner Überzeugung keinen Hehl: "Manche durchaus noch der wissenschaftlichen Hauptströmung angehörende Wissenschaftler scheuen sich nicht mehr, offen zu sagen, dass das Bewusstsein neben Raum, Zeit, Materie und Energie eines der Grundelemente der Welt sein könnte", versichert er. Zusammenfassend kommt er zu dem Schluss, dass das menschliche Bewusstsein möglicherweise sogar grundlegender als Raum und Zeit sei.

Sollten sich die Thesen der Avantgarde unter den Physikern in nachfolgenden Forschungen bestätigen, dürfte dies unser Weltbild maßgeblich beeinflussen. So würden sich Naturwissenschaft und Religion fortan nicht mehr als Gegensätze gegenüberstehen. Vielmehr könnten sie sich komplementär ergänzen – geradewegs wie der rechte und der linke Schuh eines Menschen.

Der Text oben enthält Exklusivauszüge aus dem Buch des Autors "Die geheime Physik des Zufalls. Quantenphänomene und Schicksal". ISBN 3833474203

Energie = Materie / Materie = Energie

Seit den Anfängen menschlicher Kulturen wurde versucht, das verbundene und unerklärliche Nebeneinander von Naturereignissen, die der Welt zugrunde liegende Ordnung zu verstehen. Deckt sich doch das Naturgeschehen oft wenig mit unserer Alltagserfahrung und unserer Intuition. Fernöstliche und vor allem griechische Philosophen haben schon vor mehr als zweieinhalb Jahrtausenden erste Vorstellungen über die Phänomene Naturkraft, Energie und Materie entwickelt. Im Rahmen dieses Essays soll etwas auf die Begriffe Materie und Energie eingegangen werden.

Was ist eigentlich Materie?

Das Nachdenken darüber hat mit griechischen Philosophen angefangen. Für Thales von Milet (ca. 625–547 v.u.Z.) war das Wasser der Urstoff. Für Anaximander (ca. 610–546) war es die Luft. Für Heraklit (ca. 550–480) das Feuer. Wenn man statt Feuer Energie setzt, kommt man in erstaunliche Nähe zum Materiebegriff der modernen Quantenphysik. Für Empedokles (ca. 495–435) waren es vier Elemente: Erde, Wasser, Luft und Feuer. In abgewandelter Form stammt der heutige Materiebegriff von Demokrit von Abdera (ca. 460–371). Er war der Auffassung, dass alle Dinge aus unsichtbaren kleinen, nicht weiter zerteilbaren, unvergänglichen Materieteilchen bestünden *(griechisch: „atomos" = unteilbar)*. Die

Eigenschaften aller Dinge, ob fest, flüssig oder gasförmig, werden vom Zusammenhalt der Materieteilchen bestimmt. Demokrit schuf so die Atomtheorie der Materie. Die Grundanschauung des Demokrit ist im Großen und Ganzen in die Makrophysik, in die Chemie und in unsere alltäglichen Vorstellungen eingegangen.

Eine ganz andere Traditionslinie geht von Phytagoras (ca. 570/560–480), über Sokrates (469–399), Platon (428/427–347) und Aristoteles (384–322) aus. Platon unterscheidet zwischen unveränderlich seienden Ideen einerseits und den wahrgenommenen Phänomenen andererseits. Aristoteles postulierte einen Urstoff (materia prima) mit der Fähigkeit von Kreativität. Die tatsächlichen Formen der Materie (materia secunda) bilden sich aus dem Urstoff stufenweise durch immer komplexer werdende Merkmale.

Heute spielen die früheren Materiebegriffe nur mehr eine marginale Rolle.

Aber immerhin, für zeitgenössische Physiker, beispielsweise den Nobelpreisträger Werner Heisenberg (1901–1976) ist Materie die unterschiedliche Erscheinungsform einer immateriellen Struktur. Ein somit durchaus platonischer Materiebegriff.
Unsere Alltagsauffassung

Gemäß unserer allgemeinen Erfahrung ist Materie schwer und träge und aus kleinsten Teilchen zusammengefügt. Umgangssprachlich ist uns Materie der sichtbare und anfassbare Stoff, eine Masse mit einem Schwerefeld. Alle Massen, ob fest, flüssig oder gasförmig, stellen Zustände von Molekülen dar. Diese sind aus Atomen, jene aus Elementarteilchen zusammengesetzt und zerlegbar.

Keine Masse, kein Körper ist letztlich eine in sich geschlossene Einheit, sondern besteht aus voneinander im Nanobereich getrennten Molekülen. Da auch Atome in kleinere Korpuskel aufgelöst werden können, bestehen auch diese aus Zwischenräumen. Selbst der Atomkern lässt sich weiter unterteilen in Protonen und Neutronen und diese in noch winzigere Teilchen, die mysteriösen Quarks.

Der frühere starre Materiebegriff ist seit dem vergangenen Jahrhundert gemäß der Allgemeinen Relativitätstheorie Albert Einsteins und der von einer kleinen Gruppe weiterer europäischer Physiker, von denen jeder Einzelne den Nobelpreis erhielt, nicht mehr zu halten.

Max Planck bekam den Preis 1918, Albert Einstein 1921, Niels Bohr 1922, Heinrich Hertz 1925, Louis de Broglie 1929, Werner Heisenberg, Erwin Schrödinger und Paul Dirac 1933, Wolfgang Pauli 1945 und Max Born 1954. In diese Zeit fiel der Startschuss für eine neue Physik, die Quantenmechanik.

Relativitätstheorie und Quantentheorie

Das Universum wird seither gemäß der Relativitätstheorie (sie beschreibt die Raumzeit, die Schwerkraft und gilt im Bereich des sehr Großen, den massereichen kosmischen Objekten, wie Sterne, Sonnensysteme, Galaxien) und der Quantentheorie (sie beschreibt die Erscheinungen auf der mikrokosmischen, der atomaren und der subatomaen Ebene) auf völlig neue Weise verstanden. Mit Hilfe der Quantenmechanik ist der Bau vieler neuer technischer Geräte, wie zum Beispiel von Lasern, Computern und so weiter, ermöglicht worden.

Heute weiß man, dass die Atome nicht so elementar sind, wie früher angenommen. Heute weiß man, dass quantenmechanische Objekte nicht allein Wellen (Schwingungen) oder Teilchen sind. Sie besitzen mysteriöser Weise beide Eigenschaften zugleich. Dass Atome als Kraft- beziehungsweise Energiezentren anzusehen sind, ist eine Einsicht aus der Relativitätstheorie, die spätestens seit August 1945, als Hiroshima und Nagasaki untergingen, keine Theorie mehr ist.

Gemäß der berühmten Formel Albert Einsteins: E (Energie) = m (Masse) mal c (Lichtgeschwindigkeit im Vakuum) hoch zwei, ist die Masse eines Gegenstandes äquivalent zu einer bestimmten Energiemenge.

Materie ist heute gemäß der Quantentheorie „weich". Sie ist nichtlinear und partiell indeterminiert. Dies wird allerdings in äußerst abstrakter Form dargelegt und dringt so nicht leicht in unser Alltagsbewusstsein.

Der Quantenphysiker Raymond de Broglie verkündete 1923, dass nicht nur das masselose Licht eine Welle (Schwingung) sei, das aber auch in Paketen (Quanten) ausgesandt und absorbiert werde, sondern dass auch alle Materie zugleich Schwingungen seien. Diese Behauptung wurde experimentell für die Elementarteilchen Elektronen bestätigt, dann auch für Wasserstoffmoleküle und dann auch für größere Moleküle. Seither gilt der Welle-Teilchen-Dualismus für alle Elementarteilchen. Auch seit der von Erwin Schrödinger entwickelten „Wellenmechanik", mit welcher erklärt wurde, dass Welleneigenschaften und Partikeleigenschaften niemals getrennt vorkommen und nur verschiedene Seiten derselben Erscheinung bilden. Die Frage letzten Endes, ob man es jeweils mit Wellen oder Teilchen zu tun hat, lässt sich aber ebenso wenig beantworten, wie die, mit welchem Auge man sieht, wenn man beide offen hat.

Was ist eigentlich Energie?

Gemäß der „Urknalltheorie" bildete sich vor etwa 13 Milliarden Jahren explosionsartig aus einem unermesslich dichten und heißen „Energie-Materie-Plasmapaket" positiv und negativ geladene Materie. Im Nanosekundenbereich tauchten Elementarpartikel, die physikalischen Gesetze und die Zeit auf. Den Augenblick, in dem sich alle Arten von Energien zu manifestieren und zu differenzieren begannen, kann man als „Schöpfung", als „Anfang der Zeit" bezeichnen. Jede Raumregion des Kosmos ist seither mit Strahlung erfüllt: von niederfrequenter Hintergrundstrahlung, über Radiowellen, uns sichtbarem und ultraviolettem Licht bis hin zu den Gammastrahlen von höchster Energie. Strahlung wird von Sternen, Supernovae, Quasaren, den Ereignishorizonten der „Schwarzen Löcher" und den verdrillten Magnetfeldern, die sich über riesige leere Raumregionen erstrecken, emittiert.

Der Begriff Energie wurde 1852 vom schottischen Physiker William Rankine im heutigen Sinn für die Physik eingeführt. Bis dahin hat man von verschiedenen Arten von Kräften gesprochen. Energie ist das Vermögen, Arbeit zu leisten, so liest man es in jedem Lexikon.

Eine Definition besagt, wie schon oben angedeutet, dass sie auf derselben Abstraktionsebene liegt wie Materie, dass beide Substanzen sind und sich wechselseitig ineinander überführen lassen. Gemäß der „Unschärferelation" von Werner Heisenberg verhalten sich Teilchen in gewisser Hinsicht wie Wellen. Obwohl das Licht aus Wellen besteht, verhält es sich auch wie Teilchen (Photonen), die mit Lichtgeschwindigkeit und einer ihrer Schwingungsfrequenz proportionalen Energie unterwegs sind.

Energie wird gemäß ihren verschiedenen Erscheinungsformen eingeteilt: Potenzielle Energie (gravitationsbedingt), Ruheenergie, kinetische Energie, Strahlungsenergie, Lichtenergie, chemische Energie, Bewegungsenergie, elektrische Energie, magnetische und thermische Energie. Alle sind nach festen Äquivalenzwerten ineinander umwandelbar.

Der Physiker Freeman Dyson brachte die verschiedenen Energieformen in eine „Wertordnung". Gravitationsenergie steht an der Spitze und am Ende der Liste erscheinen die niederfrequenten Überreste des Urknalls, die so genannte Hintergrundstrahlung.

> *Was ist Energie? Wir wissen es nie.*
> *Wir können sie nicht produzieren,*
> *nur technisch transformieren.*
> *Erscheint sie entfesselt geballt,*
> *erzittern wir vor ihrer Gewalt!*
> *Dem Rätsel hat Einstein nachgespürt,*
> *was auch nicht recht zum Verständnis führt.*
> *Erklärend bleibt nur die Formel parat:*
> *E = M mal c zum Quadrat.*
> *(Gerulf Stix, sz. Energiepolitiker)*

Energieumwandlung

Der „Energiesatz" ist ein physikalisches Gesetz, nach dem Energie oder ihr Masseäquivalent weder erzeugt noch vernichtet, sondern nur von einer Energieform in eine andere umgewandelt werden kann.

Es mag verblüffen, Energie lässt sich nicht verbrauchen. Wenn vom Energieverbrauch die Rede ist, so handelt es sich darum, dass Energie in aus unserer Sicht wertvollerer Form (zum Beispiel chemische Energie des Erdöls) in eine weniger wertvolle Energieform (zum Beispiel heiße Luft) umgewandelt wird.

Michael Faraday (1791–1867), ähnlich wie Robert Mayer (1814–1878), postulierte die. wechselseitige Umwandlung einzelner Energiearten, indem beide formulierten, dass Fallkraft (Gravitationsenergie), Bewegung, Wärme, Licht, Elektrizität und chemische Energie ein und dasselbe sind, eben nur in verschiedenen Erscheinungsformen.

Elektromagnetische Lichtenergie (Sonnenlicht) wird von grünen Pflanzen zur chemischen Synthese von Nahrungsstoffen verwendet, zu einer Umwandlung von Sonnenlicht in chemische Energie (Traubenzucker, Stärke). Wir nehmen Nahrungsstoffe auf, passen sie chemisch unseren Bedürfnissen an (Verdauung). Unser Organismus wandelt sie in der Muskelbewegung in mechanische Energie, in der Tätigkeit der Nerven in elektrische Energie, im Bewahren der Körpertemperatur in Wärmeenergie oder mittels der Stimmbänder in Schallenergie um. Leuchtkäfer beispielsweise können chemische Energie wiederum in Licht umwandeln und viele andere Beispiele mehr.

Seit dem vergangenen Jahrhundert weiß man, dass Materie letztlich eine Energieart ist. Materie lässt sich entsprechend der berühmten Planck-Einstein-Beziehung:

E = c hoch 2 mal m = h mal v (E= Energie, c = Vakuum-Lichtgeschwindigkeit, m = Masse, h = Plancksches Wirkungsquantum und v = Lichtfrequenz) in Strahlungsenergie (Materiezerstrahlung) umwandeln. Ebenso wie der umgekehrte Prozess (Paarbildung) möglich ist. Dabei entstehen aus hochenergetischer, elektromagnetischer Quantenstrahlung zwei komplementäre Materie-Elementarteilchen wie Elektron – Positron, Proton – Antiproton, Neutron –Antineutron, Neutrino – Antineutrino.

1920 bemerkte Albert Einstein noch gesprächsweise, dass vorläufig noch nicht der leiseste Anhaltspunkt dafür bestehe, ob und wann jemals solche Energiegewinnung erzielt werden könne. Diese Unklarheit beseitigten 1938 Otto Hahn (1879–1968) und Fritz Strassmann (1902–1980) als die Entdecker der Atomkernspaltung.

Auch die Materie unserer Körper ist Energie, die eventuell darauf wartet, freigesetzt zu werden, falls wir je auf Antimaterie treffen sollten.

Unlösbare Rätsel

Wir haben nur Vermutungen, wie der „Urknall" sich ereignete oder wie unser Sonnensystem und unser Planet, der Träger allen terrestrischen Lebens, entstanden sind. Es handelt sich um physikalische Theorien, es gab keine Zeitzeugen. Die Relativitätstheorie kann nicht aussagen, warum es die Gravitation gibt. Wir wissen nicht, weshalb es Energieformen, eine Selbstorganisation der Materie oder Lebendiges gibt. Die Fragen, was Elementarteilchen, Atome und Moleküle wirklich sind, sind nicht zu beantworten. Im subatomaren Bereich haben wir es mit Proportionen und Maßstäben zu tun, die von jenen unserer Erfahrungswelt gleich weit entfernt sind wie andererseits die des Weltraums. Es gelten die Gesetze unserer Logik und Anschauung nicht mehr. Es erweist sich ein Lichtquant als Welle (Schwingung) und als ein Korpuskel zugleich, abhängig allein von der Methode der Beobachtung. Da lässt sich Materie in körperlose Energie verwandeln und umgekehrt.

Was ein Elementarteilchen als Objekt sein soll, muss mit Zurückhaltung gesehen werden. Teilchen sind zunächst einmal nichts anderes als die lokal gemessene Erregung eines physikalischen Feldes. (Ein Feld besteht aus einem Raum, der leer oder stofferfüllt sein kann, und messbaren physikalischen Eigenschaften, die jedem Raumpunkt zugeordnet werden können).

Höchst erstaunlich ist auch, dass wir Menschen überhaupt in der Lage sind, mit unserem eigentlich nur für das irdische Überleben gegebenen Denkvermögen über die inneren Verhältnisse von Atomen, das kosmische Geschehen, mehr oder minder sinnvolle Überlegungen und Kombinationen anzustellen. Dies mit nicht beweisbaren Theorien, geistigen Krücken, abstrakten Formeln und unanschaulichen Symbolen.

Sind wir überhaupt in der Lage, die richtigen Fragen zu stellen?

Für manche Menschen sind die Naturgesetze Gegebenheiten und haben einen platonischen Status. Für Albert Einstein sind Naturgesetze „freie Erfindungen des menschlichen Geistes, die sich aber bewähren müssen, um danach und dadurch zu Entdeckungen zu werden". Debatten drehen sich darum, ob die Naturgesetze, ob der Kosmos, ob alle Lebensformen einen ideellen Hintergrund haben oder ob es sich gar um eine uns nicht erkennbare virtuelle Wirklichkeit handelt.

Was bleibt, ist die Erkenntnis des Philosophen Karl R. Popper, dass die „Was ist?"- oder „Warum?"-Fragen nicht besonders wichtig und eigentlich keine sehr guten Fragen sind. Sie sind von einer Form, die keine wirklich erhellende Antwort zulässt.

Evolution: Leben aus Materie?

Es war einmal ein König, der in einem kleinen Königreich lebte. Er war auf sein kleines Königreich sehr stolz und hielt sich für sehr intelligent und fortgeschritten. Seine Untertanen – „Gleich und Gleich gesellt sich gern" – dachten ebenfalls, sie seien intelligenter und fortgeschrittener als alle anderen.

Die Geschichte von des Königs neue Kleider

Im Nachbarland hörte ein schlaues Schneiderlein von diesem König und lachte sich ins Fäustchen: „Dummheit und Stolz wachsen auf demselben Holz!" So ging das Schneiderlein zum König des Nachbarlandes und sagte: „Seine Majestät, ich habe gehört – und nun sehe ich es mit eigenen Augen –, daß Sie der intelligenteste und fortgeschrittenste König sind. Deshalb bin ich von weither gekommen, denn ich denke, daß nur Sie, o Majestät, des Besten würdig sind. Ich möchte Ihnen ein Geheimnis verraten: Ich bin ein Schneider aus alter, geheimer Tradition, und ich habe in meiner Wissenschaft etwas herausgefunden, was bisher noch niemand herausgefunden hat. Deshalb bin ich von weither gekommen, denn nur Sie, o Majestät, sind fortgeschritten und intelligent genug, um den Wert dieser neusten Erkenntnis unserer Wissenschaft wertzuschätzen."

Während das Schneiderlein auf solch rätselhafte Weise sprach, wurden der König und seine auserwählten Kabinettminister, die bei diesem geheimen Treffen dabeisein durften, immer ungeduldiger und wollten wissen, worin diese neue

Errungenschaft aus des Schneiderleins Geheimwissenschaft bestehe. „Wir haben herausgefunden, wie man unsichtbare Kleider macht, und Sie, o hochwohlgeborene Majestät, sind auserwählt, diese neue Erkenntnis in die Welt zu tragen. Und wenn Sie unsere Forschung fördern, können wir letztlich in der gesamten Materie das Element des Unsichtbaren finden."

Der König war begeistert und sicherte dem Schneiderlein eine unbegrenzte Belohnung und Unterstützung zu. Für die zukünftige Forschung wurde eigens ein geheimes, unterirdisches Labor eingerichtet, und ein geheimer Sicherheitsdienst wurde gegründet – damit nichts und niemand ihm etwas anhaben könne, wurde dem Schneiderlein gesagt. Insgeheim wollte der König natürlich diese Geheimwissenschaft sich selbst aneignen, um dadurch ein noch nie gesehenes Machtmittel in die Hände zu bekommen. Das Schneiderlein war einverstanden und zog sich mit einem hohen Honorar- und Forschungsvorschuß in sein Land zurück. Die Überwachungsleute, die ihm in dunkler Distanz folgten, waren auffallend unauffällig. Bald waren die Kleider zur Übergabe bereit, aber das Geheimnis blieb geheim.

Des Königs Hofphysiker waren beeindruckt – „Unglaublich, die Atomstruktur der Kleider und des umgebenden Raumes sind nicht zu unterscheiden!" – und die Hofchemiker begeistert: „Nicht lange, o Majestät, und wir werden die chemische Formel dieses Geheimnisses entschlüsselt haben." Sogar die anfangs skeptischen Hoftheologen gestanden nun angesichts der unsichtbaren Kleider: „Wahrhaftig, ein Geschenk des unsichtbaren Gottes!"

Sofort wurde eine Pressekonferenz mit anschließendem Propagandafeldzug einberufen. Die Meldung dieser neuen Errungenschaft des menschlichen Geistes wurde überall verkündet, und Bilder der geheimnisumwitterten unsichtbaren Kleider erschienen in Zeitungen und Schulbüchern. Als der König mit den unsichtbaren Kleidern auf seinem Feldzug vor das Volk trat, entbrauste ein Applaus, und alle sahen: „Die unsichtbaren Kleider sind perfekt!"

Der König winkte, schüttelte Hände und küßte Babys. Da sagte auf einmal ein kleiner Junge an der Hand einer einfachen Arbeiterfrau: „Sag mir, Mutter, warum hat der König keine Kleider?" Im Märchen erschrickt der König und erkennt plötzlich das Peinliche, nämlich daß er nur in Unterhosen dasteht. Die modernen Könige reagieren anders.

Evolutionstheorie: wie die unsichtbaren Kleider

Manchmal komme ich mir vor wie der kleine Junge, wenn ich öffentlich über Evolution spreche. Noch nie hat jemand gesehen, daß Leben aus Materie entsteht, noch nie hat jemand gesehen, daß Leben bloß ein organisch-chemischer Zustand ist, noch nie hat jemand gesehen, wie Evolution funktioniert, noch nie hat jemand ein Verbindungsglied von

Pflanzen- oder Tierarten gesehen, noch nie hat jemand die Vergangenheit oder den Anfang der Welt gesehen, aber alle glauben an die unsichtbaren Kleider. Die Medien, Wissenschaftsmagazine und Schulbücher gestehen sich zwar gewisse Ungewißheiten bei Detailfragen der Evolution ein, aber in einem sind sie sich alle einig: „Die unsichtbaren Kleider existieren! Kein ernstzunehmender Wissenschaftler zweifelt heute mehr an dieser Tatsache."

Die vedische Wissenschaft sagt kühn: „Es gibt gar keine unsichtbaren Kleider! – Die Evolution von toter Materie zu lebenden Wesen hat nie stattgefunden! Der heutige Mensch ist weder Krönung noch Höhepunkt der Lebensformen im Universum."

Eine erste mögliche Reaktion der etablierten Mächte ist, daß man diese Stimme der Minderheit ignoriert. (Wer hört schon auf einen kleinen Jungen?) Oder man bringt die verräterische Stimme zum Verstummen, oder man macht die abweichende Meinung lächerlich, oder man unterwandert die Kritik mit lächerlichen Argumenten, die man leicht widerlegen kann, wodurch die Kritik von den wahren Argumenten abgelenkt wird. Oder man relativiert die wahren Argumente.

Die hundertvierzigjährige Geschichte des darwinistischen Evolutionsglaubens ist hierfür wahrscheinlich das typischste Beispiel. Heute gehen alle Lehrbücher von der evolutionären Entwicklung der Lebewesen als unbestrittene Tatsache aus. Alles wird aus dieser Ecke betrachtet, und allfällige Gegenargumente werden bereits im Vorwort mit einem Satz abgefertigt: *„Über einen Punkt müssen wir uns im Klaren sein, bevor wir beginnen. Die Tatsache, daß eine Evolution stattgefunden hat, steht außer Zweifel."* *„Eines der erregendsten Kapitel der Erdgeschichte ist wohl die Evolution der Organismen, die über viele Jahrmillionen hinweg schließlich zum Menschen führt. (...) Dieses Wandlungsgeschehen begann mit einem abiotisch-biotischen Übergangsfeld, in dem anorganisch-chemische Zustände zu organisch-chemischen Zuständen organisiert wurden, die das Vermögen zu identischer Selbstreproduktion erwarben."* *„Das Evolutionsgeschehen ist heute noch nicht in allen seinen feineren Zusammenhängen erforscht. Es wäre aber töricht, daraus schließen zu wollen, die Abstammungslehre sei prinzipiell verfehlt oder revisionsbedürftig."* *„Kein vernunftbegabter Mensch stellt das Phänomen der Evolution noch in Frage."* Wer nicht an Evolution glaubt, kann heute also weder als *„vernunftbegabt"* noch als *„Mensch"* gelten!

Als einziges *Gegenargument wird der biblische Kreationismus* ins Feld geführt, der Glaube an die „junge Erde" – Gott habe das Universum und die Welt vor sechstausend Jahren in sechs Tagen erschaffen –, <u>was eine unbeweisbare theologische Absurdität darstellt</u>. Weil dieser Kreationismus als einzige Alternative herausgehoben wird, gilt die

Logik: Wer nicht an Evolution glaubt, gehört automatisch zum Lager der fanatischen Bibelkreationisten, die alle Andersgläubigen als „des Teufels" verschreien. Um nicht in den Verdacht der Lächerlichkeit zu geraten, sind heute praktisch alle religiösen Menschen ins Lager des Evolutionismus übergewechselt, entweder mit dem agnostischen Argument „Ist doch letztlich nicht wichtig, wie und wann die Welt entstand" oder mit der Kompromißhaltung „Gott hat die Welt durch Evolution erschaffen (und Darwin, Huxley und Haeckel waren seine Propheten)." Gott ist einfach derjenige, der beim Urknall die Zündschnur anzünden durfte und alle paar Jahrtausende einmal eine Genmutation auslöste.

Der letzte Trick besteht im Verdrängen der wahren Argumente. Die zentrale Frage bei der Diskussion um die Entstehung des Lebens müßte lauten: Was ist Leben? Was ist Tod? Was ist Materie? – Aber das seien, so heißt es, „unwissenschaftliche" Fragen, und sie werden deshalb geflissentlich an die Theologen und Philosophen delegiert. Jeder, der „vernunftbegabt" ist, weiß doch, daß „Leben" nichts anderes ist als ein Produkt von Materie ...

Das Paradigma der linearen Entwicklung

„Wenn Galaxien sich tatsächlich vom Beobachter unserer Galaxis fortbewegen und weiter entfernte Galaxien sich schneller als nahe gelegene entfernen, ergibt sich daraus ein bemerkenswertes Bild des Universums. ... Betrachten Sie die Entwicklung des Universums als einen Film, so können Sie sich leicht vorstellen, ihn rückwärts laufen zu lassen. Wenn Sie das tun, sehen Sie, wie das Universum immer kleiner wird. Schließlich gelangen Sie zu jenem Moment, wo seine gesamte Masse in einen unendlich dichten Punkt hineingezwängt ist. Von diesem Punkt und von diesem Moment an hat sich das Universum bis heute ausgedehnt. ... Die einfache These von einem Anfang des Universums in der Zeit ist Astrophysikern mittlerweile derart geläufig, daß wenige von uns überhaupt noch einen Gedanken daran verschwenden."

Die Frage nach dem Ursprung des Universums wird besonders schwierig, wenn wir in Betracht ziehen, daß es in diesem Universum lebende Wesen gibt. Gemäß obiger Logik sind auch diese Wesen aus dem Urknall hervorgegangen und sind nichts anderes als eine komplizierte Kombination von Atomen. Etwas anderes oder etwas mehr können sie nicht sein, weil es laut der Urknalltheorie am Anfang nichts anderes als Atome gab. Das ist die unumgängliche Logik der Urknall- und Evolutionstheorie. Gäbe es mehr als nur Materie, würden diese Theorien sogleich in sich zusammenfallen, denn sie gehen axiomatisch davon aus, daß es nichts anderes als Materie gibt.

Diese Theorien der gegenwärtigen Wissenschaft entspringen dem vorgefaßten Denkschema (Paradigma) der linearen Entwicklung. Entspricht dieses Denkschema der Wirklichkeit, und darf man es einfach umdrehen, so wie man einen Film rückwärts laufen läßt? – Ich betrachte mein Fotoalbum. Da sehe ich mich an meinem achten Geburtstag, ein Knabe von rund einem Meter Körperlänge. Auf einem Foto, das zehn Jahre später aufgenommen wurde, weist mein Körper eine Länge von 1,8 m auf. Ich analysiere mit wissenschaftlicher Logik: Innerhalb von zehn Jahren wuchs der Körper 80 cm. Das ergibt ein durchschnittliches Wachstum von 8 cm pro Jahr. Nun betrachte ich das Bild mit dem Knaben, der 1 m groß ist. Man darf also annehmen, daß dieser Körper ein Jahr zuvor 92 cm, ein Jahr zuvor 84 cm und nochmals ein Jahr zuvor 76 cm groß gewesen war. Weil der Körper innerhalb von 10 Jahren um 80 cm gewachsen ist, können wir daraus einen direkten Rückschluß auf das Alter und den Anfang des 1m großen Körpers ziehen. Die einfache Rechnung lautet 100 cm: 8 cm = 12,5. Gemäß dem Paradigma der linearen Entwicklung war dieser Körper vor zwölfeinhalb Jahren 0 cm groß, das heißt, er hatte die Form eines Massepunktes von unendlicher Dichte und unvorstellbarer Hitze, denn je mehr man Materie zusammendrückt, desto heißer wird sie (genau wie die Luft in einer Fahrradpumpe).

Diese Rechnung ist natürlich absurd. Ich weiß, daß ich auf dem Foto erst acht Jahre alt bin und daß der Anfang dieses Knabenkörpers nicht 12,5 Jahre zurückliegt, sondern nur 8 Jahre und 9 Monate, und daß mein Körper anfänglich kein Massepunkt von unendlicher Dichte und unvorstellbarer Hitze war.

Fachexperten schütteln beim Lesen dieses Argumentes schon seit dem ersten Satz den Kopf: „Dieser Einwand ist irreführend und absolut absurd, denn das Beispiel bezieht sich auf einen lebenden Körper, und das Universum ist kein lebender Körper, sondern nur ein mechanisches Gebilde aus Materie."

Aber was ist mit den im Universum lebenden Wesen? Und was ist Materie? Die Quantenphysiker wagen (mit Recht) schon lange nicht mehr zu behaupten, Materie sei nur ein mechanisches Gebilde von Elementarteilchen. Und das Körperbeispiel ist keineswegs unangebracht, wird doch behauptet, alle Körper seien letztlich aus ebenjener Urknallmaterie von unendlicher Dichte hervorgegangen!

Bei einem Körper wissen wir natürlich, wie er entsteht, weil wir diese Entstehung immer wieder beobachten können. Aber bei der Entstehung des Universums war kein irdischer Wissenschaftler zugegen, um es zu sehen. Stellen Sie sich vor, dieser Knabe sei das einzige Lebewesen auf einem öden Laborplaneten. Er hat noch nie gesehen, wie der Körper eines Lebewesens entsteht, und er kann sich auch nicht an die eigene Entstehung erinnern. Käme dieser Knabe jemals auf die Idee jenes Vorganges, der tatsächlich zum Entstehen eines Körpers führt?

Genauso hat noch kein Wissenschaftler jemals gesehen, wie ein Universum und das darin enthaltene Leben entstehen. Sie haben keine Gewißheit, ob das, was sie über die Vergangenheit sagen, richtig ist. Sie können nur auf die früheren Zustände Rückschlüsse ziehen, indem sie von den bekannten Beobachtungen ausgehen, genauso wie die lineare Wachstums„logik" im Körperbeispiel nur von den bekannten Beobachtungen ausging, dabei aber auf eine falsche Altersangabe und eine absurde Entstehungsbeschreibung kam.

Der Fehler am Anfang der Rechnung

Was ist Leben? Diese Frage wird an keiner Schule beantwortet, und die Wissenschaft übergeht diese Frage; aber dennoch lernen wir, daß das gesamte Universum (mitsamt den Lebewesen) „erwiesenermaßen" aus Materie, Urknall und Evolution entstanden sei. Niemand weiß, welche Kräfte tatsächlich am Anfang und in der Entwicklung des Universums wirksam waren, aber dennoch wird behauptet, es seien nur die materiellen Kräfte gewesen.

Heute sehen wir jedoch, daß eine Menschheit, die an ein solches Vergangenheitsbild glaubt, ihre eigene Zukunft zerstört. Jeder vernünftige Mensch müßte spätestens heute – angesichts der Aussichtslosigkeit dieser Entwicklung – an diesem materialistischen, destruktiven Glauben zu zweifeln beginnen.

Wenn man betrachtet, von welchen unbewiesenen und unlogischen Voraussetzungen der Glaube an Urknall und Evolution ausgeht, muß man sich fragen, warum intelligente Menschen (Professoren, Studenten, Forscher, Nobelpreisträger usw.) so etwas glauben. Sie müssen doch gute Gründe haben. Diese Gründe wollen wir im folgenden kurz betrachten, um zu zeigen, daß in der Rechnung der materialistischen Wissenschaft tatsächlich ein großer Fehler steckt. Und dieser Fehler wird ganz zu Beginn der Rechung begangen. Man mag danach noch so gut und richtig weiterrechnen, aber der Fehler wird dadurch nicht korrigiert, sondern nur noch vergrößert! Wenn man in einer Gleichung gleich zu Anfang einen Fehler macht, ist alles, was man danach rechnet, ebenfalls falsch, selbst wenn man guten Glaubens richtig rechnet. Das ist ein weiterer Grund, warum so viele intelligente Menschen diese genannten „wissenschaftlichen" Theorien glauben: Sie selbst rechnen richtig und sind mit Recht davon überzeugt, daß sie richtig rechnen. Deshalb machen sie sich nicht die Mühe, an den Anfang zu gehen, um zu schauen, wie die ganze Rechnung überhaupt begonnen hat. Würden sie das tun, würden sie auf einmal den offensichtlichen Fehler sehen. Und sie würden die peinliche Entdeckung machen, daß nicht nur am Anfang ein Fehler, sondern mit jedem Rechnungsschritt der anfängliche Fehler größer wird.

Hat der König tatsächlich keine Kleider? Entgegen der Meinung des königlichen Hofstaates der Wissenschaft sagt hier ein kleiner vedischer Junge:

„Ja! Die unsichtbaren Kleider des Königs gibt's gar nicht."

Leben aus Materie? Die unwahrscheinliche Wahrscheinlichkeit

„Dennoch hält die orthodoxe Biologie in ihrer Gesamtstruktur daran fest, daß Leben zufällig entstand. Seit jedoch die Biochemiker in steigendem Maße die ehrfurchtgebietende Komplexität des Lebens entdecken, ist sein zufälliger Ursprung ganz offensichtlich so wenig wahrscheinlich, daß man diese Möglichkeit völlig ausschließen kann. Leben kann nicht zufällig entstanden sein."

– Fred Hoyle, britischer Physiker und Astronom

Zu Beginn der Rechnung steht die (falsche!) Annahme, daß es im Universum nur Materie bzw. materielle Energie gebe. Mit dem Paradigma der linearen Entwicklung konstruiert man dann einen Rückschluß auf den Anfang des Universums und gelangt zum Glauben, das ganze Universum mit all seinen Planeten, Gesetzen und Lebewesen sei aus einem Urknall hervorgegangen.

Wenn man das alles einmal glaubt, drängt sich unweigerlich der nächste Schritt (und logische Fehltritt) in der Rechnung auf.

Erinnern Sie sich an die Beschreibung des hypothetischen Urknalls, bei dem das ganze Universum mit allen Lebewesen – gemäß der umgedrehten Logik der linearen Entwicklung – angeblich in einem einzigen Materiepunkt von unendlicher Dichte und unvorstellbar hoher Temperatur vereinigt war. In diesem Szenario ist es schon unwahrscheinlich, daß sich die Elementarsubstanzen, die mit x-facher Lichtgeschwindigkeit auseinandersausen, überhaupt jemals zu Atomen verbinden. Aber glauben wir das einmal und schauen, was wir dann als nächstes glauben müssen.

Irgendwie haben sich Atome gebildet, sie flitzen auseinander, aber dennoch verdichten sie sich und bilden verschachtelte Galaxien- und Sternenhaufen. Wie das geschehen konnte, ist bis heute nicht geklärt, und die Wissenschaftler geben das auch unumwunden zu.

In dieser Hypothese der sich verdichtenden Urknallmaterie stellt sich das nächste Problem: Unter den vielen Atomkombinationen, die sich zu anorganisch-chemischen Substanzen zusammenfinden, muß auch organische Materie entstehen, so wie wir sie in jedem Körper der Lebewesen finden. Die Entstehung von organischer Materie muß relativ bald geschehen, denn sonst verpassen die ersten zufällig gebildeten Moleküle den Anschluß an die weitere evolutionäre Entwicklung. Gemäß der umgekehrten Logik der linearen Entwicklung ist das Universum nämlich höchstens

15–20 Milliarden Jahre alt, und das ist eine knappe Zeit für die Zufallskombination der Atome.

Die wissenschaftliche Theorie von Urknall und Evolution muß nicht nur auf dem Papier eine hypothetische Analyse des Urknalls geben, sondern sie muß vor allem erklären, wie innerhalb dieses Universums Lebewesen entstehen konnten.

Glauben wir also für den Moment einmal an den Urknall und an die spontane Bildung von Atomen und Himmelskörpern. Als nächstes müssen wir glauben, daß alle Lebewesen nichts anderes seien als Gebilde von organischer Materie, d. h. wandelnde Bioroboter. Glauben wir sogar dies! Aber dann dürfen wir zumindest fragen: Wie groß ist die Wahrscheinlichkeit, daß sich aus zufälligen Atomkombinationen organische Stoffe bilden?

Die Grundbausteine der irdisch-organischen Materie bestehen aus Proteinen und Enzymen, die ihrerseits aus Aminosäuren zusammengesetzt sind. Komplizierte Protein- und Enzymkombinationen bilden die grundlegende Stoffwechselstruktur der einzelnen Zellen, wobei klar gesagt werden muß, daß Zellen nicht nur aus Proteinen und Enzymen bestehen. Tausende, Millionen, Billionen von Zellen bilden dann die organischen Körper der Lebewesen. (Organischer Körper = Lebewesen?) Im Körper eines Menschen gibt es schätzungsweise 10 Billionen Zellen.

Betrachten wir also die Grundbausteine der irdisch-organischen Materie, die Aminosäuren, Proteine und Enzyme. Die Aminosäuren sind die Bausteine der Proteine, von denen einige sich zu den hochmolekularen Enzymen verbinden. Die Aminosäuren sind komplizierte organische Atomstrukturen. Heute kennt die Biochemie knapp 300 Aminosäuren, wobei alle natürlich vorkommenden Proteine aus gut 20 dieser bekannten Aminosäuren bestehen. Die Urknall- und Evolutionstheorie gründet in der Annahme, daß die Atome sich in der Anfangsphase des Universums zufällig zu diesen Grundbausteinen (Aminosäuren) verbunden haben, die sich ihrerseits dann zufällig zu Proteinen, Enzymen und ersten Mikroben und lebensfähigen Zellen verbanden.

Die alles entscheidende Frage lautet nun: Wie groß ist die Wahrscheinlichkeit, daß die Atome sich zufällig zu Aminosäuren und Proteinen verbanden?

Diese Frage wird immer schnell abgehandelt: „... aus heute noch nicht vollständig geklärten Vorgängen der Biogenese entstanden erste lebensfähige organische Verbindungen ..." Und damit ist das Thema bereits erledigt. Aber alle sind sich einig: Leben entstand aus Materie, woraus denn sonst?!

Der mit vielen Auszeichnungen geehrte amerikanische Astronom und Biologe Carl Sagan faßt dieses wissenschaftliche Glaubensbekenntnis wie folgt zusammen: „Im Licht moderner Erkenntnisse ist hierin (in der kosmischen Ordnung] jedoch kein

Zeichen göttlicher Fügung zu sehen – oder zumindest nichts, das außerhalb der Bereiche von Physik und Chemie liegt. ... Heute verstehen wir einigermaßen, wie die bewunderungswürdige Genauigkeit, die sich jetzt im Universum darstellt, dem Wirrwarr einer sich entfaltenden interstellaren Wolke durch Naturgesetze abgerungen wurde, die wir erfassen können: durch Bewegung, Schwerkraft, Strömungslehre und physikalische Chemie. Das unausgesetzte Walten eines geistlosen Ausleseverfahrens kann Chaos in Ordnung verwandeln."

„Aus dieser vielfältigen, veränderlichen Landschaft und aus dem kräftigen organischen Gebräu ist Leben entstanden."

„Was genau nun zwischen der Zeit der frühesten Meere, die leblos, aber reich an organischen Molekülen und Möglichkeiten waren, und der Zeit der ersten Stromatolithen geschah, entzieht sich unserer Kenntnis. Mit unserem heutigen Wissen ist eine Rekonstruktion nicht möglich."

Ich wiederhole die entscheidende Frage: Wie groß ist die Wahrscheinlichkeit, daß die Atome sich zufällig zu Aminosäuren und Proteinen verbanden? Wer sich die ehrliche Mühe macht, diese Wahrscheinlichkeit zu berechnen, stellt schnell einmal fest, daß diese Wahrscheinlichkeit unwahrscheinlich ist.

Fangen wir bei den sogenannten „Grundbausteinen" an, bei den Aminosäuren und Proteinen. Jedes einzelne Protein setzt sich aus Aminosäuren zusammen. Man kann eine Aminosäure mit der Perle einer Gebetskette vergleichen; dann sähe ein durchschnittliches Proteingebilde aus wie ein Perlenstrang von 100 bis über 1000 solcher „Amino-Perlen". Einzelne Proteine enthalten bis zu zwanzig verschiedene Aminosäuren in ganz bestimmter Anordnung und Wiederholung, die sich auf diese Weise zu „Perlenketten" von 100 bis über 1000 „Amino-Perlen" verbinden. In einer einzigen Zelle gibt es rund 200'000 Proteinarten. Das trifft auf die Zellen im menschlichen Körper genauso zu wie auf den Körper des ersten Einzellers. Also schon vor über 3 Milliarden Jahren müssen diese Aminosäuren-Verbindungen aus zufälligen Atomverbindungen hervorgegangen sein.

Wie groß ist beim Werfen einer Münze die Wahrscheinlichkeit, daß die „Zahl" und nicht der „Kopf" oben liegt? 1:2. Die Wahrscheinlichkeit, zweimal hintereinander die „Zahl" zu werfen, ist 1:4, dreimal 1:8, zehnmal 1:1024, hundertmal 1:2100 = eine Billion Trillionen!

Und aus wie vielen Treffern besteht ein einziges Protein? Die meisten Proteinstränge setzen sich aus mehreren 100 bis über 1000 Aminosäuren-„Perlen" zusammen, die in einer strikt festgelegten Reihenfolge angeordnet sein müssen. Und das ist nur ein einziges Protein! In jeder Zelle gibt es rund 200'000 Proteine!

Der bekannteste Wissenschaftler, der sich mit der Frage des Entstehens von Proteinen aus zufälligen Atomkombinationen befaßte, war der englische Astrophysiker Dr. Fred Hoyle. Er verglich die Wahrscheinlichkeit, daß sich auch nur ein Protein durch eine blinde, zufällige Kombination von Atomen gebildet hat, mit der Wahrscheinlichkeit, mit der ein Mensch blind einen Rubik-Würfel ordnet. Ein Rubik-Würfel besteht aus verschiedenfarbigen Teilwürfeln, die alle drehbar sind. *Die Aufgabe besteht darin, diese Teilwürfel so lange zu drehen, bis sich eine Seite des Rubik-Würfels aus einer einzigen Farbe zusammensetzt. Dies ist bereits für einen sehenden Menschen eine ziemlich knifflige Angelegenheit, ganz zu schweigen für jemanden, der nichts sieht! „Er hat dabei keine Ahnung, ob er der Lösung näherkommt oder aber den Würfel noch weiter verwirrt. Man wäre geneigt zu sagen, mit einem nur zufälligen Drehen der Würfelflächen schaffe man die Lösung ‚niemals'. Genaugenommen ist ‚niemals' jedoch falsch. Wenn unsere Versuchsperson mit verbundenen Augen jede Sekunde eine zufällige Drehung macht, so würde es durchschnittlich 300mal das Erdalter, nämlich 1350 Milliarden Jahre dauern, bis das Problem des Würfels gelöst wäre. Die Chancen, mit jeder Drehung bei allen Würfelflächen die jeweils gleiche Farbe zu erhalten, stehen ungefähr 1 zu 50'000'000'000'000'000'000 (50 Trillionen]. In etwa gleich groß ist die Chance, daß sich eines unserer körpereigenen Proteine per Zufall entwickelt hat. In unseren Zellen*

haben wir jedoch ungefähr 200'000 verschiedene Proteinarten zur Verfügung."
In jeder Sekunde finden in einer Zelle viele Millionen von biochemischen Reaktionen statt. Das Hauptwerkzeug bei diesen Stoffwechselreaktionen sind die Enzyme, von denen es im menschlichen Körper etwa 2000 verschiedene gibt. Ein Evolutionsanhänger hätte bei all diesen Angaben schon längst eingewendet, daß das Beispiel des menschlichen Körpers irrelevant sei, weil dieser ja erst zuallerletzt in der Evolutionskette erschienen sei. Bei den ersten Lebensformen, den Bakterien und Einzellern, die ja viel primitiver gewesen seien, sei die Wahrscheinlichkeit der zufällig richtigen Kombination nicht so unwahrscheinlich wie beim unheimlich komplizierten Mechanismus des menschlichen Körpers.

Dieser Einwand ist jedoch gegenstandslos. Die Struktur der Enzyme ist nämlich in allen Formen der organischen Materie die gleiche! Das Enzym einer Bakterie kann auch in einer menschlichen Zelle verwendet werden, und die Bakterien beweisen ja täglich, daß sie in unserem Körper aktiv sein und mit ihm in chemischer Wechselwirkung stehen können (z. B. bei der Verdauung). Wir wissen nicht, wie die Enzym-Population in der angeblichen „Ursuppe" ausgesehen hat, aber wir wissen, daß es heute mindestens 2000 verschiedene Enzyme gibt. Ist alles durch Zufall entstanden, muß der Zufall also bis heute 2000 Enzyme gebildet haben, um auch nur die

Grundvoraussetzung für lebende Körper zu schaffen. (Diese Enzyme und Proteine dann noch zu lebens- und fortpflanzungsfähigen Zellen und Körpern zusammenzusetzen ist nochmals etwas ganz anderes und treibt die Unwahrscheinlichkeit ins völlig Unmögliche.)

Aber bleiben wir bei den Enzymen. Wir haben schon gesehen, wie unwahrscheinlich die Wahrscheinlichkeit ist, bei einem Rubik-Würfel blind und zufällig alle Teilwürfel auf die gleiche Farbe zu drehen. Diese (Un-)Wahrscheinlichkeit entsprach der Wahrscheinlichkeit des zufälligen Entstehens eines einzigen Proteins. Wenn nun 2000 Enzyme (komplizierte Proteinverbindungen) durch Zufallskombination entstehen sollen, wird diese Behauptung – gemäß Fred Hoyles Berechnung – geradezu lächerlich: Die Wahrscheinlichkeit beträgt nämlich 1:1'040'000! Eine 1 mit vierzigtausend Nullen! Hier wird das geschätzte Alter des Universums bereits quintilliardenfach überschritten – nur um die Grundbausteine zu bekommen. Wir sprechen hier noch nicht einmal von den einzelnen Zellen!

Andere Wissenschaftler, die ebenfalls der Frage nachgingen, wie wahrscheinlich es sei, daß sich Atome zufällig als organische Strukturen verbinden, kamen allesamt zu demselben Ergebnis. Die Quantenphysiker G. und I. Bogdanov z. B. berechneten folgendes: Damit die Aminosäuren und Stickstoffmoleküle sich verbinden und durch Zufall ein verwendbares RNS-Molekül bilden, hätte die

Natur mit blinden Atomkombinationen mindestens 10^{15} Jahre lang probieren müssen – bis nur ein einziges RNS-Molekül entstanden wäre. Dies ist eine Dauer, die rund hunderttausendmal länger ist als das heute geschätzte Alter des Universums!

Der deutsche Biophysiker Manfred Eigen ging diese Rechenaufgabe von einer anderen Seite an, und sein Ergebnis war für die Evolutionstheorie noch vernichtender: Um nur ein einziges Molekül mit 1000 Bauelementen per Zufall herzustellen, muß man 10^{600} verschiedene Varianten durchlaufen. Es gibt jedoch Berechnungen, daß das ganze Universum (geschätzter Radius 10-15 Milliarden Lichtjahre) nur 10^{102} Proteinmoleküle aufnehmen kann.

Eine beeindruckende Rechnung stellte der amerikanische Physiker Richard L. Thompson vom Bhaktivedanta Institute an. Er veröffentlichte 1977 ein Buch mit dem Titel Demonstration by Information Theory that Life Cannot Arise from Matter. Er wollte berechnen, wie groß die Wahrscheinlichkeit ist, daß die „ersten" Populationen von Lebewesen durch die bloße Kombination von Atomen entstanden sind. Er betrachtete nur die aus den ältesten Fossilien bekannten Lebewesen, obwohl man davon ausgehen muß, daß es damals noch viel mehr Lebewesen gab, als die Fossilien rückblickend erkennen lassen. Wie der Titel des Buches bereits verrät, konnte er mit informationstheoretischen Berechnungen Schritt für Schritt demonstrieren, daß diese Wahrscheinlichkeit gleich Null ist.

Richard L. Thompson schreibt: „Meine Beweisführung hat die Besonderheit, daß sie auch dem Argument der Evolutionstheoretiker begegnet, das besagt, daß die einzelnen Schritte der Entstehung des Lebens aus Materie zwar unwahrscheinlich seien, daß sie aber dennoch möglich werden, wenn eine immens lange Dauer von geologischer Zeit zur Verfügung stehe. Die vorliegenden Berechnungen zeigen, daß keine Zeitdauer, auch nicht Milliarden von Jahrmilliarden, ausreichen, um die Evolution von Leben aus Materie aufgrund von Zufall und natürlicher Auslese glaubwürdig zu machen. Vielmehr zeigen diese Berechnungen, daß die Wahrscheinlichkeit der materiellen Entstehung von Leben – selbst wenn wir ein x-faches des geschätzten Erdalters von 4,5 Milliarden Jahren gelten lassen – sich in den Bereichen von 64-80'000 bewegt, eine unvorstellbar kleine Wahrscheinlichkeit (0,0000... 80'000 Nullen nach dem Komma!]. Das bedeutet, daß die gesamte Erdgeschichte etwa 6'480'000 Mal ablaufen müßte, damit die Wahrscheinlichkeit glaubwürdig wird, daß auch nur ein einziges Mal komplexe Lebewesen (organische Körper von Lebewesen] entstehen. Diese Zahlen legen die intuitive Einsicht nahe, daß die organische Evolution eine Unmöglichkeit ist."

Ein Haar in der Ursuppe

„Aus der Frühzeit (der Erde] sind nur spärliche Indizien über den Temperaturverlauf vorhanden, doch ab der Zeit vor 400 Millionen Jahren haben sich genügend Fossilien erhalten, um gute Abschätzungen zu erlauben. Mit dem Klima wandelte sich auch das Leben – beides hat sich wohl gegenseitig beeinflußt. Zunächst entwickelten sich aus einer Ursuppe im Laufe der Jahrmillionen einfache Organismen wie Algen, Stromatolithen und Quallen. ... Erst eine dauerhafte Gashülle um die Erde ermöglichte dem Leben eine langfristige Existenz außerhalb der Ozeane."

Die Absurdität der Grundannahme, auf der die gesamte Evolutionstheorie aufbaut, wird noch offensichtlicher, wenn man den nächsten Schritt in diesem Gedankengang nachvollzieht: Wie soll der Zufall wissen, daß gerade eine bestimmte Kombination „nützlich", d. h. organisch ist? Angesichts der riesigen Überzahl von anorganischen Kombinationen würde diese einzige „nützliche" Kombination sofort zerfallen und wieder zu einer nicht-nützlichen werden. Eine zufällig entstandene organische Kombination müßte in der „Ursuppe" 50'000'000'000'000'000'000 anorganischen Kombinationen begegnen. Welche Kraft würde gerade diese eine organische Kombination aussortieren, konservieren und weiter kombinieren?

Was ist überhaupt „nützlich"? Zu diesem Zeitpunkt gibt es noch kein Leben, und die Atome wissen nicht, daß es heute ein Universum mit zahllosen lebenden Wesen gibt. Wie wußten sie dann, daß sie sich gerade auf diese einzigartige „schöpferische" Weise zusammenfügen mußten?

Wir mögen all diese absurden Unglaubwürdigkeiten glauben, aber dem größten und endgültigen Denkfehler sind wir noch nicht begegnet. Um den Denkfehler wirklich in seiner vollkommenen Wucht nachvollziehen zu können, müssen wir ein wenig weiter ausholen.

Es besteht kein Unterschied zwischen den Kohlenstoffatomen in einem Kreidefelsen und den Kohlenstoffatomen in unserem Körper, kein Unterschied zwischen dem Eisen in unserem Blut und dem Eisen einer Eisenpfanne auf unserem Kochherd, zwischen den Wasserstoffatomen in unserem Körper und den Wasserstoffatomen im Meer. Alle (rund zwanzig) Atomarten der organischen Materie lassen sich in der Natur finden.

Alle Atome, die die organischen Verbindungen eines Körpers ausmachen, sind also leicht erhältlich. Wenn Leben und Lebewesen bloß eine Kombination von Atomen wären, müßten die Wissenschaftler fähig sein, zumindest primitivste Formen von „lebender Materie" herzustellen, z. B. eine Mikrobe, eine Alge oder wenigstens ein Samenkorn, das nach dem Setzen ein Lebewesen (eine Pflanze) hervorbringt. – Das sei schon längst gelungen, heißt es.

Anfangs der Fünfziger Jahre wurde ein großer wissenschaftlicher „Triumph" bekanntgegeben, der bis zum heutigen Tag immer wieder zitiert wird: Den Biochemikern Stanley Miller und Harold Urey vom Biochemischen Institut der Columbia-Universität sei es gelungen, im Labor „Leben" herzustellen. Diese Männer wollten, dem „Zeitgeist" der damaligen Wissenschaft entsprechend, ein für allemal beweisen, daß lebende Formen sich allmählich aus nichtlebenden chemischen Substanzen entwickelt haben. Dabei gingen sie von der spekulativen Annahme aus, daß die Atmosphäre der jungen Erde vor 3 bis 4 Milliarden Jahren aus chemischen Substanzen wie Methan, Ammoniak, Kohlenmonoxid, Kohlendioxid und Stickstoff bestanden habe. Zu diesem hypothetischen Zeitpunkt und in dieser hypothetischen Atmosphäre soll die frisch abgekühlte Erde ganz von Wasser- und Schlammozeanen, der sogenannten „Ursuppe", bedeckt gewesen sein. Aus dem aufgewühlten Erdinnern brachen ständig Vulkane hervor, und in der geladenen Atmosphäre erzeugten Blitze elektrische Energie.

In einer Glaskugel mischten Miller und Urey die genannten Substanzen zusammen und setzten sie hoher elektrischer Spannung und intensiver Strahlung (z. B. UV-Licht) aus, was zu einem erstaunlichen Ergebnis führte: Es bildeten sich „organische" Moleküle, darunter Aminosäuren, die Grundbausteine von Proteinen, und stickstoffhaltige Basen, die Grundbausteine der DNS.

Heute, über vierzig Jahre später, herrscht betretenes Schweigen. Man konnte zwar synthetisch Aminosäuren und N-Basen herstellen, aber man mußte bald einmal erkennen, daß diese Bausteine noch nichts mit dem Phänomen „Leben" zu tun haben. Diese synthetisch hergestellten Moleküle waren nämlich immer noch tote Materie, einfach tote „organische" Materie! Sie fügten sich deshalb nicht zu höheren Formen zusammen, und selbst wenn sie sich zusammengefügt hätten, wären sie immer noch tote organische Materie geblieben – genauso wie auch eine Leiche zwar sehr wohl aus organischer Materie besteht, aber dennoch nicht lebt. Im Extremfall wäre es den Wissenschaftlern also gelungen, aus diesen organischen Grundbausteinen einen Einzeller synthetisch herzustellen, aber eben: nur eine Einzeller-Leiche!

Hier sind wir beim springenden Punkt: Die Kombination von organischer Materie erzeugt keine lebenden Wesen, sondern nur tote organische Materie. Denn Materie ist immer „tot", auch die organische!

Fassen wir zusammen: Nur schon das zufällige Entstehen von Atomen aus der Urknallmaterie ist unwahrscheinlich. Das zufällige Entstehen von Aminosäuren aus Atomverbindungen ist unwahrscheinlich. Das zufällige Entstehen von Proteinen und Enzymen aus Aminosäuren ist nicht nur unwahrscheinlich, sondern unmöglich. Das zufällige Entstehen von Lebewesen aus organischer Materie ist unmöglich, denn Materie – auch die organische – ist und bleibt tot. Leben und Bewußtsein entspringen nicht den Atom- und Molekülkombinationen. Wer das behauptet, muß im Labor nicht tote organische Atomkombinationen, sondern lebende Wesen erzeugen. Vierzig Jahre sind seit der ersten künstlichen Aminosäuren-Synthese vergangen, und die Wissenschaftler sind dem Erschaffen von Leben keinen Schritt näher gekommen – aus dem einfachen Grund, weil Leben kein Produkt von Materie ist.

Die Behauptung, daß Atome aus einem Urknall hervorgegangen seien und in der Folge organische Materie und Lebewesen hervorgebracht hätten, ist unhaltbar. Oder um es klar und unmißverständlich auszudrücken: Der Urknall- und Evolutionsglaube ist ein materialistischer, hirnloser Quatsch. Unsere nächsten Generationen werden sich aufrichtig schämen, daß ihre Vorfahren während zweihundert Jahren so etwas geglaubt haben – interessanterweise gerade während jenen zweihundert Jahren, in denen die Menschen verantwortungsloser und zerstörerischer waren als je zuvor! Wem fällt da nicht der Zusammenhang auf?

Das Ganze ist mehr als die Summe seiner Bestandteile

Das Entstehen von Proteinen und Enzymen allein hat noch nichts mit dem Entstehen von lebenden Wesen zu tun. Proteine und Enzyme sind nicht die Bausteine des Lebens, sondern die Bausteine von Leichen, von toter organischer Materie. Ein synthetisch hergestellter Proteinstrang ist tote organische Materie, und Millionen von Proteinsträngen sind immer noch tote organische Materie. In einem toten Körper sind diese chemischen Elemente allesamt ebenfalls enthalten, doch sind sie nicht mehr in der Lage, auf jene Art zusammenzuarbeiten, wie dies während des „Lebens" (vor dem Tod des Körpers) der Fall gewesen war. Dies zeigt, daß nicht die Proteine und Enzyme das Leben ermöglichen, sondern daß das Gegenteil der Fall ist: Das Leben – das Bewußtsein – hält den Körper zusammen. Wenn das Bewußtsein im Körper nicht mehr gegenwärtig ist, fällt die körperliche Struktur zusammen, und das Einzelleben der Zellen und Bakterien nimmt überhand. Diese Lebewesen waren auch schon im Körper vorhanden, als er noch „lebendig" war, aber irgendeine geheimnisvolle Lebenskraft hatte diese Mikroorganismen im Schach gehalten und sie so koordiniert, daß sie dem Leben des Gesamtkörpers dienten. Der Körper an sich hat diese Kraft offensichtlich nicht, denn sonst würde der Körper als Leiche nicht verwesen – oder der Körper müßte schon während des Lebens verwesen. Diese beiden absurden Varianten zeigen, daß der materielle Körper nicht die Quelle der Lebenskraft ist, sondern daß der materielle Körper vielmehr von dieser Lebenskraft abhängig ist, die demnach nicht bloß ein Teil des Körpers sein kann. Sobald die Lebenskraft den Körper verläßt, zerfällt er. Was also verläßt den Körper im Moment des Todes? Was erhält den Körper während des „Lebens"? Was ist der

Unterschied zwischen einem „lebenden" Körper und einem „toten" Körper?

Die organischen Grundbausteine sind also nicht fähig, sich aus eigener Kraft zu höheren Strukturen zusammenzufügen oder diese höheren Strukturen auch nur zusammenzuhalten. Wie (ganz zu schweigen von warum) sollten sich diese elementaren Kombinationen zu komplizierteren Formen zusammenfügen?

Bis jetzt sprachen wir ja nur von den Bausteinen der organischen Materie. Diese Bausteine (Proteine, Enzyme, Moleküle) müssen sich erst einmal zu einzelnen Zellen und Körpern zusammenfügen, und zwar zu lebenden Zellen und Körpern. Jeder lebende Körper – nur schon der Körper einer mikroskopischen Zelle – ist aber nicht bloß die Summe von Proteinen und Enzymen. Denn ab welchem Kombinationsgrad beginnen tote organische Aminosäurenverbindungen zu „leben"? In jedem Körper herrscht eine übergeordnete Ordnung, die ermöglicht, daß die Organellen (Organe einer Zelle) überhaupt funktionieren. Noch komplexer wird es, wenn die Zellen ihrerseits zu Körpern zusammengefügt sind. Körper sind nicht bloß eine Summe von Zellen, Zellen sind nicht bloß eine Summe von Organellen, Organellen sind nicht bloß eine Summe von Proteinen und Enzymen, und diese sind nicht bloß die Summe von Atomen, sogenannter „toter" Materie. Das Ganze ist immer mehr als die Summe seiner Bestandteile. Das Ganze enthält immer eine übergeordnete Struktur, die den einzelnen Bestandteilen nicht innewohnt.

Es ist also nicht die organische Materie, die irgendeinmal Leben und Bewußtsein hervorbringt, sondern es ist die nicht-materielle Lebenskraft, die den Körper formt. Der einfache Beweis hierfür ist, daß der Körper sogleich zerfällt, wenn diese Kraft nicht mehr anwesend ist.

Im nächsten Kapitel werden wir sehen, daß es Tausende von Menschen gibt, die bereits erfahren haben, daß das Bewußtsein nicht vom Körper abhängig ist, sondern sehr wohl unabhängig vom Körper existieren kann. Der Körper ist die sterbliche Hülle des unsterblichen, immateriellen Individualwesens, dessen Symptome Bewußtsein und Lebenskraft sind.

Nah-Tod-Erfahrungen, außerkörperliche Wahrnehmung, Astralreisen, Erinnerungen an frühere Leben, die Existenz nicht-physischer Wesen – all diese hinreichend dokumentierten Realitäten werden von den materialistischen Wissenschaftlern mit einer unheimlichen Arroganz vom Tisch gefegt: „Das sind nur Einbildungen, verursacht durch Hirnstromschwankungen, Sauerstoffmangel oder neurologischen Störungen."

Würde nur eines der obenerwähnten Phänomene reell existieren, wäre das eine weitere Widerlegung der materialistischen Urknall- und Evolutionstheorie, denn deren Hauptdogma besagt, daß jedes

Lebewesen nur eine Materiekombination ist und sich ausschließlich auf den sichtbaren materiellen Körper beschränkt. Eine Existenz außerhalb des Körpers würde diese materialistischen Theorien unwiderruflich Lügen strafen.

Wie wir sehen werden, sind die obenerwähnten Phänomene derart zahlreich und überzeugend dokumentiert, daß jeder der materialistischen Einwände versagt. Einer der ersten Wissenschaftler, der die umwälzenden Konsequenzen dieser „paranormalen" Phänomene zumindest ins Auge faßte, war Wolfgang Pauli, einer der Pioniere der Quantenphysik. Er schrieb im Jahre 1961: „Sollten sich die positiven Ergebnisse auf dem noch kontroversen Gebiet der sensory perception (ESP) endgültig bewahrheiten, so könnte dies zu heute noch gar nicht übersehbaren Entwicklungen führen."

Kausalität und Finalität

Die Wissenschaft gibt zu, daß es gewisse Erscheinungen in den Tiefen der materiellen Welt, wie die Quarks und die Quasare, gibt, die nicht den bisher bekannten Naturgesetzen folgen. Aber diese scheinbar selbstkritische Aussage ist bloß eine Ablenkung von der Tatsache, daß es vor unseren Nasen Millionen von Erscheinungen gibt, die ebenfalls nicht mit den Gesetzen des materialistischen Weltbildes zu erklären sind, nämlich all jene Erscheinungen, die „leben". Wenn ein

Körper lebt, offenbart er Symptome, die jedem Gesetz der toten Materie widersprechen. Eine Bakterie, eine Pflanze, ein Tier, ein Mensch, ganz zu schweigen von den höheren Lebensformen – sie alle bewegen und entwickeln sich, und zwar nicht nur gemäß den Impulsen der gravitativen, elektromagnetischen und nuklearen Felder, sondern nach planmäßigen Mustern, die dem „Leben" entspringen und den Körper als „Ganzes" zusammenhalten.

Lebendige Körper bestehen aus riesigen Atomverbänden, die sich zielgerichtet (final) verhalten, die die Umwelt wahrnehmen und mit ihr in Wechselwirkung treten. Die materialistische Wissenschaft ist auf einem Auge blind, denn sie betrachtet immer nur die Kausalität (die Kette von Ursache und Wirkung), obwohl es offensichtlich ist, daß in der Welt nicht nur die Kausalität wirkt, sondern auch die Finalität (die Ausrichtung des Kausalitätsprinzips auf ein konkretes Ziel). Die Atome schwirren nicht einfach ziellos durch die Quantenwelt, sondern kombinieren sich und bilden funktionierende Körper. Aber diese funktionierenden Körper sind nicht nur das Produkt einer Kombination von Atomen. Man kann das Samenkorn eines Banyanbaumes auf seine Atomstruktur hin untersuchen, aber das wichtigste wird man nie finden: das Leben. Das einzige, was man erreicht, ist, daß man das Samenkorn – und die ihm innewohnende Finalität – zerstört.

Nicht nur die Atome, auch die Naturgesetze und die materiellen Grundkräfte lassen eine Finalität erkennen: Sie alle haben genau die richtige Größe, die es ermöglicht, daß überhaupt materielle Gegenstände entstehen konnten. Gäbe es nur geringste Abweichungen, dann würde die Materie in sich selbst zusammenfallen oder auseinanderfliegen oder zerfallen oder zerstrahlen, und es hätte nie Galaxien und Planeten gegeben. Ist das alles nur Zufall? Und überhaupt: Woher kommt die Materie? Und woher das Bewußtsein, das sich durch die materiellen Körper ausdrückt? Die sogenannten „exakten Wissenschaften" sind uns bis zum heutigen Tag eine exakte Erklärung schuldig geblieben.

Lebende Körper bewegen sich also nicht nur als bewußtseinslose materielle Objekte in einer Kette von materiellen Ursachen und Wirkungen, sondern sie bewegen sich zielgerichtet. Mit anderen Worten: Sie verhalten sich nicht mechanisch, sondern bewußt, nicht nur kausal, sondern final! Warum bewegt sich die Materie plötzlich auf solch „ungesetzliche" Weise? Materie an sich verhält sich immer nur mechanisch oder quantenmechanisch, das heißt, sie ist von äußeren Impulsen abhängig, auf die sie ohne Bewußtsein reagiert. Welcher Impuls bewegt einen lebenden materiellen Körper dazu, sich nach einem intelligenten Muster zu bewegen? Die Wissenschaft sagt: allein die Naturgesetze der Gravitation, Elektromagnetik, Statik usw.

Niemand bestreitet, daß es das sogenannte „Bewußtsein" ist, das einem lebenden Körper den zielgerichteten Impuls verleiht. Aber was ist „Bewußtsein"? Ist das Bewußtsein tatsächlich nur ein Nebeneffekt der neurochemischen Reaktionen? Warum formt sich die Materie rund um uns herum und im gesamten Universum nach intelligenten, d. h. geordneten Mustern? Gerade bei diesen entscheidenden Fragen schweigen die Relativitäts- und Quantentheorien. Sie genügen ja nicht einmal, um zu erklären, was Materie ist. Wie sollen sie dann erklären können, was Bewußtsein ist? Bewußtsein ist ganz bestimmt nicht ein Produkt der toten Materie, wie das von den „Natur"wissenschaften stillschweigend vorausgesetzt wird.

Die vedische Wissenschaft vermag aufzuzeigen – gegründet auf die obige Logik –, daß die Materie und das Bewußtsein zwei ewig parallele Energien sind, die sich gemäß der Parallelen-Definition im Unendlichen schneiden. Sie gehen beide von derselben unendlichen Quelle aus und wirken aufeinander ein, um die materielle Welt zu bilden, aber vermischen sich nie.

Das Geheimnis des Lebens ist keine Funktion der Materie. Weil die materialistischen Naturwissenschaftler nur die Materie sehen und die Natur des Lebens verkennen, entwickeln sie Technologien, die materiell zwar funktionieren, aber die Grundlagen des Lebens zerstören.

Die gesamte Grundlage der materialistischen Urknall- und Evolutionstheorie ist unwahrscheinlich, unglaubwürdig und unsinnig. Es wird nie gelingen nachzuweisen, daß Lebewesen aus Materie entstehen, schlicht und einfach deswegen, weil sie nicht aus Materie entstanden sind. Damit entbehrt die materialistische Urknall- und Evolutionstheorie jeglicher Grundlage und fällt in sich zusammen.

Dennoch wollen wir die nächsten Stufen der Evolutionstheorie kurz betrachten. Wir werden sehen, daß in dieser Theorie nicht nur am Anfang große Fehler begangen werden, sondern daß die Absurditäten noch zunehmen.

Immer wieder wird man sich die Frage stellen müssen: Warum glaub(t)en Generationen von intelligenten Menschen so etwas kritiklos?

Das historische Umfeld der Evolutionstheorie

Die Evolutionstheorie ist ein Produkt des 19. Jahrhunderts und sollte deshalb in ihrem historischen Zusammenhang gesehen werden. Sie entstand im christlich-abendländischen Umfeld, und ihre Verfechter wollten den engen Grenzen dieses Umfeldes entkommen. Mit der Evolutionstheorie wandten sich die Vertreter der neuzeitlichen „Wissenschaft" direkt gegen die aufgezwungene Struktur der veralteten „Religion". Der „religiöse" Dogmatismus provozierte den „wissenschaftlichen" Materialismus. Diese beiden scheinbar so grundverschiedenen Weltanschauungen sind in Wirklichkeit sehr eng miteinander verwandt, denn sie sind nichts anderes als die zwei Seiten derselben Münze oder, um es bildlich auszudrücken, die zwei Pole desselben Teufelskreises. Die Vertreter des „religiösen" Dogmatismus und des „wissenschaftlichen" Materialismus haben eine große Gemeinsamkeit: das Streben nach Macht, im Namen von „Gott" oder im Namen von „Fortschritt".

Die moderne Wissenschaft und ihr schattengleicher Begleiter, die Technologie, haben das erklärte Ziel, durch die Manipulation der Materie Macht und Einfluß über die Natur und die Lebewesen (Pflanzen, Tiere, Menschen) zu gewinnen. Dasselbe Ziel, nur mit anderen Mitteln, wird und wurde von den Vertretern des „religiösen" Dogmatismus angestrebt. Die mittelalterliche Theologie ist hierfür typisch. Sie zwang die Menschen zu glauben, Gott habe alle Arten, sowohl die Tiere als auch die Menschen, unveränderlich erschaffen; alles sei von Gott gewollt und vorausbestimmt; deshalb sei auch die Position eines jeden Lebewesens, sowohl der Tiere als auch der Menschen, unveränderlich vorausbestimmt. Die Welt mit all ihren Geschöpfen sei dem Menschen untertan, und alle Menschen seien ihrem Erlöser untertan, der auf Erden von seiner „heiligen Institution" vertreten werde. Die ganze Schöpfung laufe auf die Erschaffung des (sündigen!) Menschen hinaus, der nur durch die Gnade von ganz bestimmten Institutionen erlöst werden könne.

Dieses Weltbild verschafft der entsprechenden Pseudo-Religion eine absolutistische Macht. Sie erlaubt den machtgierigen Menschen, im Namen von „Gott" ein Gesellschaftssystem aufzubauen, in dem alle Mitglieder einer kleinen, aber mächtigen Elite unterworfen sind. Dann sind es auf einmal diese Mächtigen, die bestimmen, was Wahrheit und was Gottes Wort ist. Dieses pseudo-religiöse Machtspiel ist – gemäß dem vedischen Weltbild – typisch für das Kali-Zeitalter und prägt deshalb die Menschheitsgeschichte seit den letzten fünftausend Jahren. In Asien (Orient, Indien, China) führte es zu verschiedenen Formen von diktatorischen Kastensystemen und im Westen zu mörderischen Missionssystemen. Die Tiere, die „Heiden", die „Neger" und die „Indianer", die allesamt zu seelenlosen Wesen erklärt wurden, gehörten zu den meistgeschundenen Opfern dieser Missionsmächte, die in den materialistisch-weltlichen Mächten schnell ihre Verbündeten fanden.

Das Dogma der Prädestination und der Unveränderlichkeit der Arten befreite die oberen Gesellschaftsschichten (Klerus, Adel und Aristokratie) von Kritik und Konkurrenz, denn den sozial Niedriggestellten und Ausgebeuteten konnte mit göttlicher Logik plausibel gemacht werden, warum sie einfach mit ihrer Mühsal zufrieden sein sollen. Im Jenseits warte auf alle Gehorsamen ein Himmel, in dem man nach dem Tod alles Verpaßte nachholen könne.

Auf diese Weise konnten die pseudo-religiösen Mächte in Europa über Jahrhunderte ihre Machtposition aufrechterhalten und ausbauen, und auch die weltlichen Mächte waren nicht interessiert, an dieser Philosophie etwas zu ändern. Man konnte sich mit bestem Gewissen in der eigenen Selbstherrlichkeit sonnen, und sollte es jemand wagen, diese „göttliche" Ordnung zu hinterfragen oder sogar anzugreifen, durfte man mit brutalsten Mitteln durchgreifen und hatte immer eine moralische Rechtfertigung, denn jede noch so perverse Greueltat diente ja allein der Verteidigung ebenjener „göttlichen" Ordnung. Gegen dieses Bollwerk von Kirche und Staat hatten Volksaufstände keine Chance. Es brauchte einen anderen Widerstand – den Widerstand der „Wissenschaft"!

Die Epochen der Renaissance und der Aufklärung führten zu einer allmählichen Änderung der gesellschaftlichen Verhältnisse. Mit der aufkommenden Industrialisierung wurden die starren

Gesellschaftsgrenzen verwischt, und viele Menschen schöpften Hoffnung auf eine Neuordnung der Gesellschaft. Für diesen Traum waren die Menschen bereit, in Fabriken zu arbeiten und Abhängige des Industrialismus zu werden.

Wenn man sich dieses Umfeld vor Augen führt, wird auf einmal klar, warum die materialistische „Wissenschaft" nichts anderes ist als der Gegenpol der dogmatischen „Religion". Das typische Beispiel hierfür ist die Evolutionstheorie.

Evolution – ein typisch abendländisches Denkschema

Für Jahrzehnte lieferten sich Christen und Evolutionisten erbitterte Wortgefechte. Die Christen sahen in den Evolutionisten die leibhaftigen Vertreter des Teufels, und die Evolutionisten in den Christen die völkermordenden Vertreter der geistigen Versklavung. Dabei entging beiden Lagern die Tatsache, wie eng ihre Ansichten trotz aller Feindseligkeit verwandt waren. Die Evolutionisten staunen, wenn sie hören, daß ihre scheinbar wissenschaftlichen Ansichten völlig durch die semitisch-christliche Weltsicht geprägt sind. Die Hauptparallelen sind das lineare Zeitverständnis, der Glaube an die Schöpfung ex nihilo („aus dem Nichts") und an die gemeinsamen Vorfahren und die materialistische Auffassung von „Leben" und „Seele".

Die folgende Gegenüberstellung zeigt die Verwandtschaft und faßt auch die wichtigsten Punkte der Evolutionstheorie zusammen:

Die lineare Zeit: Die Religionen mit semitischen Wurzeln (Judentum, Christentum, Islam) sprechen von einer einmaligen Schöpfung. Gott schöpft das Universum und die Menschen nur ein einziges Mal und erlöst sie auch nur ein einziges Mal. Vom Zeitpunkt der Schöpfung bis zum Zeitpunkt von „Gottes Gericht" verläuft die Menschheitsgeschichte linear.

Dasselbe lineare Zeitbild, verbunden mit der „einzigen" Schöpfung, übernimmt auch die Evolutionstheorie, mit dem einzigen Unterschied, daß hier die postulierte Zeitspanne viel länger ist.

Die Schöpfung ex nihilo: Die Vertreter dieses Glaubens bestehen dogmatisch auf dem linearen Zeitbild. Vor der „einzigen" Schöpfung habe es keine andere Schöpfung gegeben. Obwohl ihre Schriften selbst das Bild von Schöpfungstagen verwendet – „Tage" sind das typische Symbol eines zyklischen Zeitablaufes! –, bekämpfen sie jedes zyklische Zeitverständnis und sagen, Gott greife nicht auf eine frühere Schöpfung zurück, sondern schaffe aus dem Nichts heraus (ex nihilo). Es gebe nur eine einzige Schöpfung, eine einzige Menschheit und eine einzige Erlösungsmöglichkeit (und „zufällig" sind das wir!).

Die Vertreter der Evolutionstheorie behalten dieselbe Glaubensstruktur bei und kleiden sie einfach in materialistische statt in theologische Formulierungen. Ihr Grundsatz lautet, daß höhere Lebensformen aus einfachen Lebensformen hervorgegangen seien. Vor Darwin glaubten die meisten Forscher an die individuell erschaffenen Urarten, die sich jedoch verändern, denn die Fossilien zeigten, daß es früher Lebensformen gab, die wir heute nicht mehr vorfinden. Seit Darwin gewann die Ansicht überhand, daß die verschiedenen Arten von gemeinsamen Vorfahren abstammen und daß der

Stammbaum mit zunehmender zeitlicher Entfernung immer enger und die entsprechenden Arten immer primitiver werden. Schon Darwin äußerte die Idee, daß Leben in einer Ursuppe aus organischen Chemikalien entstanden sein könnte: „... Aber wenn (und o! was für ein großes ‚Wenn'!) wir in irgendeinem kleinen warmen Tümpel, bei Gegenwart aller Arten von Ammoniak, phosphorarmen Salzen, Licht, Wärme, Electricität usw., wahrnehmen könnten, daß sich eine Proteinverbindung chemisch bildete, bereit noch complicirtere Verwandlungen einzugehen", dann wäre die Evolutionstheorie wahrhaftig eine Tatsache.

Mit der Entwicklung der Biochemie, Genetik und Kosmologie (Urknalltheorie) wurde die Vermutung, die Darwin noch zweifelnd geäußert hatte, zur wissenschaftlichen Tatsache erklärt: Leben entsteht aus Materie, und Materie entstand ex nihilo, wie es schon die semitisch-christlichen Vorväter mit ihren Mythologien sagten ...

Die materialistische Auffassung von „Leben" und „Seele": Die christliche Dogmatik wendet sich vehement gegen die Lehre von der Präexistenz der Seele. Diese Lehre besagt, daß das Individualwesen (die „Seele") bereits vor der Zeugung des Körpers existiert habe und sich im gezeugten Körper inkarniere; die Seele sei ewig und wandere auf ihrem Weg – bis zur Vollkommenheit – durch verschiedene Körper. Dies ist die Lehre aller östlichen und esoterischen Offenbarungen. Diese Lehre, die Reinkarnation, wurde auch von vielen urjüdischen und urchristlichen Traditionen vertreten, zum Teil bis zum heutigen Tag. Diese Lehre läßt jedoch keinen Platz für religiöse Absolutheitsansprüche, und deshalb wurde sie von Institutionen mit solchen Ansprüchen bekämpft und mit Bannflüchen belegt.

Als die Reinkarnation nicht mehr als Erklärung dienen durfte, wartete das kirchliche Christentum mit folgendem Dogma auf: Alle Menschen werden im Moment der Zeugung erschaffen; jeder Mensch lebt nur einmal; seine Existenz beginnt mit der Existenz des Körpers; das Leben entsteht durch die Verbindung der väterlichen und mütterlichen Geschlechtszelle; die Erschaffung eines Menschen zu einem einzigen Leben ist die einzigartige Schöpfungskraft und „Gnade" Gottes.

Denkenden Menschen konnte nicht verborgen bleiben, daß diese Lehre im Klartext nichts anderes besagt, als daß Leben aus Materie entsteht, denn die Zeugung, d. h. die Verbindung zweier Zellen, bedeutet der Beginn der Existenz des Menschen. Wenn das der Wahrheit entspricht, dann besagen die nächsten logischen Gedankengänge folgendes: *Nicht nur die Menschen pflanzen sich durch die Vermischung der Geschlechtszellen fort, sondern alle höheren Tiere (und Pflanzen!). In dieser Beziehung unterscheidet sich der Mensch nicht von den Tieren. Also ist der Mensch auch nur ein Tier. Was unwissenschaftliche Menschen symbolisch als „Gottes Schöpfungsakt" bezeichnen, ist in Wirklichkeit nichts anderes als das Wirken von erklärbaren chemischen, physikalischen und biologischen Gesetzen. Der Ursprung des Lebens ist also – gemäß kirchlicher wie wissenschaftlicher Dogmatik – nichts anderes als das physische Zusammenkommen von zwei Zellen, und in diesem Akt wirken tatsächlich nur die Gesetze der Materie. Gemäß kirchlicher wie wissenschaftlicher Dogmatik gibt es keine immaterielle Seele, die in diese Verbindung von Materie eingeht und den sich bildenden Körper mit Bewußtsein und Energie beseelt.*

Hier bei dieser entscheidenden Frage nach der wahren Natur von Leben und Bewußtsein zeigt sich, daß die pseudo-religiösen und -wissenschaftlichen Ansichten nichts anderes sind als die Pole desselben materialistischen Denkschemas.

Das gemeinsame Urpaar: Die Forscher vor Darwin, wie James Hutton (1726–1797), Jean Baptiste Lamarck (1744–1829), Baron de Cuvier (1769–1832) und Charles Lyell (1797–1875), gingen vom biblischen Verständnis der individuellen Schöpfung der Arten aus. Aber sie wandten sich gegen die christliche Geschichtsdoktrin, die die gesamte Erdgeschichte für die kirchliche Heilslehre vereinnahmte und sie deshalb gemäß biblischer Zeitskala auf ein paar wenige Jahrtausende komprimierte. Nachdem Andersdenkende nicht mehr mit Folter und Ermordung rechnen mußten, wagten erste Wissenschaftler, diesem (vermeintlich) biblischen Weltbild zu widersprechen. James Hutton zum Beispiel, der Vater der modernen Geologie, hielt den Bibelvertretern entgegen, daß die heute vorliegenden Gesteinsarten und Bodenstrukturen eine jahrmillionenlange Entwicklung voraussetzen. Er formulierte sein „Prinzip der Gleichmäßigkeit", das besagt, daß die Entwicklungsprozesse, die wir heute beobachten, auch in der Vergangenheit mit derselben Gleichmäßigkeit wirksam waren. Dieses Prinzip der allmählichen Entwicklung über Jahrmillionen wurde von Charles Lyell in seinem einflußreichen dreibändigen Werk Principles of Geology (1830–33) ausformuliert. Lyell und seine Anhänger äußerten bereits in den dreißiger Jahren des 19. Jahrhunderts die Vermutung, eine natürliche Selektion merze innerhalb einer Art behinderte oder mißratene Formen aus. Die Präexistenz der Artenvielfalt vor der natürlichen Selektion zweifelten sie jedoch nicht an. Dennoch faßten auch sie schon die Idee ins Auge, daß die gesamte Vielfalt aller Arten vielleicht von einer Urform abstammen könnte, was nicht unbiblisch war, denn als Erklärung für die Entwicklung des Menschen bestand ja das Dogma, daß alle Menschenrassen von einem Urpaar, Adam und Eva, abstammten. Warum also nicht den Gedanken weiterführen und nachforschen, ob nicht nur die Rassen innerhalb einer Art, sondern auch die Arten selbst von einer Urform abstammten?

Die Ideen, die schon seit einiger Zeit im Raum schwebten, formulierte Charles Darwin (1809–1882) in seinem Buch Die Entstehung der Arten durch natürliche Auslese oder die Erhaltung begünstigter Rassen im Kampf ums Dasein, das 1859 erschien und eine bahnbrechende Wirkung zeitigte. Sogar Charles Lyell, der Papst der damaligen Geologie, bekehrte sich in seinen alten Tagen zu Darwins Theorie – was einen wichtigen Meilenstein in der Verbreitung des Darwinismus darstellte. Lyell gab seine Vorstellung von den Zeitkreisen auf und bekannte sich offen zur linearen, allmählichen Evolution der Arten.

Mit seinen Büchern On the Origin of Species (1859) und The Descent of Man (1871, „Die Abstammung des Menschen") sagte sich Darwin von allen kirchlich-ideologischen Verpflichtungen frei und formulierte als erster eine ausführliche Evolutionstheorie auf der Grundlage der natürlichen Selektion.

Der Gedankengang hinter der Evolutionstheorie ist einleuchtend, einfach und einfältig (im Gegensatz zur vielfältigen, multidimensionalen Realität): Jede Art erzeugt mehr Nachkommen, als zum Überleben notwendig sind. Unter der Vielzahl von Nachkommen einer Art gibt es natürlicherweise immer gewisse Unterschiede. Die meisten Unterschiede sind für die evolutionäre Entwicklung unbedeutend, einige sind schädlich, aber einige Veränderungen stellen auch Verbesserungen dar. Die Individuen einer Art, die schädliche Abweichungen von der Norm aufweisen, werden durch die natürliche Auslese aussortiert, d. h. sie sterben aus, und jene Individuen, die eine Verbesserung ihrer körperlichen Konstruktion aufweisen, können sich im Kampf ums Dasein durchsetzen. Über die Jahrtausende summieren sich diese kleinen Verbesserungen, und zwar so lange, bis sich die verbesserte oder veränderte Art so sehr von der ursprünglichen Art unterscheidet, daß sie eine neue Art darstellt.

„Die Erhaltung vorteilhafter individueller Unterschiede und Veränderungen und die Vernichtung nachteiliger nenne ich natürliche Zuchtwahl oder Überleben des Tüchtigsten. (…] Die natürliche Selektion erforscht in der ganzen Welt täglich und stündlich die geringsten Veränderungen, sie verwirft die nachteiligen und bewahrt und summiert alle vorteilhaften, sie arbeitet still und unmerklich an der Verbesserung der organischen Wesen und ihrer organischen und anorganischen Lebensbedingungen", schreibt Darwin in seinem Buch On the Origin of Species.

Genetik und der Neodarwinismus

Der Darwinismus ging von der unmerklichen Verbesserung der organischen Wesen aus. Entspräche diese Theorie der Wirklichkeit, müßten unter dem gegenwärtigen Tier- und Pflanzenbestand und insbesondere in der Welt der Fossilien viele Übergangsformen zu entdecken sein. Denn im Laufe von vielen Jahrtausenden müßten sich einzelne Zweige so weit von der Elternrasse abgespalten haben, daß auch die unmerklichen Verbesserungen sichtbar würden. Da solche Übergangsformen weder heute noch unter den Fossilien zu finden sind, kam die Evolutionsforschung von Darwins Erklärung ab, was aber in keiner Weise heißt, daß der Evolutionsvorgang angezweifelt worden wäre. Der Darwinismus wurde einfach mit den Erkenntnissen des damals eben neuentdeckten Wissenschaftszweiges der Genetik vermischt. Darwin hatte gemeint, daß äußere Bedingungen (Umweltfaktoren, Kampf ums Dasein und Selektion) genügten, um das Entstehen neuer Arten zu erklären. Aber Darwins berühmtestes Beispiel, die Galapagos-Finken, zeigten, daß gerade diese Annahme nicht stimmt. Veränderte Umweltverhältnisse, wie z. B. die Isolierung in einem begrenzten Lebensraum, können gewisse Veränderungen in der Körperform herauszüchten, aber es entstehen nie neue Arten. Darwins Finken hatten zwar unterschiedliche Schnabelformen entwickelt, aber waren offensichtlich immer noch Finken und Vögel.

Deshalb versuchten die Vertreter des Neodarwinismus, den hypothetischen Evolutionsvorgang durch zufällig entstehende Veränderungen der Genstruktur zu erklären.

Ihre Logik lautete wie folgt: Beim Kopieren des genetischen Codes von Generation zu Generation treten immer wieder Abweichungen („Mutationen", d. h. Kopierfehler) auf. Die Tier- oder Pflanzenexemplare mit Verschlechterungen seien unfähig zu überleben, hingegen jene mit Verbesserungen könnten sich gegenüber der „normalen" Masse durchsetzen und diese letztlich sogar ersetzen. Zumindest seien sie in der Lage, aufgrund des zufällig erworbenen Vorteils neben der normalen Mehrheit zu bestehen und sich zu einer neuen Rasse oder sogar zu einer neuen Art zu entwickeln.

Beide Theorien – Darwins Ansicht, daß sich äußere Einflüsse rückwirkend in einer Evolution niederschlagen, und die neodarwinistische Mutationsthese – messen der natürlichen Selektion die entscheidende Bedeutung bei und gehen von der Annahme aus, daß zufällige Veränderungen im genetischen Code zur Entwicklung neuer Arten führen können. Sie geben zu, daß die Wahrscheinlichkeit einer Verbesserung sehr gering sei, doch ausgedehnt auf eine allmähliche Evolution über Jahrmillionen werde auch die geringe Wahrscheinlichkeit wahrscheinlich.

An dieser Stelle müssen wir wieder den bereits überstrapazierten gesunden Menschenverstand anwenden. Die ganze Diskussion über Evolution beruht auf unserem guten Willen, die unhaltbaren Dogmen der Biogenese (Entstehen von Leben aus Materie) der Diskussion zuliebe zu glauben und weiterzuverfolgen. Wir haben gesehen, daß es unmöglich ist, daß Atome sich zufällig zu organischen Verbindungen zusammenfinden. Die Wahrscheinlichkeit ist gleich Null, und selbst wenn das Unmögliche geschehen sollte und Atome sich im Fluß unendlicher Kombinationen auch einmal zu einer „brauchbaren" Kombination zusammenfügen sollten, würden diese Kombinationen mit der nächsten Welle bereits wieder auseinandergerissen. Und selbst wenn sie bestehen bleiben sollten, entstände bloß tote organische Materie, aber nie ein lebendes Wesen.

Machen wir nun den nächsten Quantensprung und glauben sogar, daß trotzdem irgendwie erste lebende Mikroben und Einzeller aus toten organischen Verbindungen entstanden seien. Die Körperform eines jeden Lebewesens beruht auf einer bestimmten Genstruktur. (Worauf die Genstruktur beruht, kann die Biologie bis heute nicht erklären, obwohl sie verbissen forscht, um diesen „Schlüssel zum Leben" zu finden.) Jeder funktionierende Körper hat eine funktionierende und komplette Genstruktur. Wie entstand aus einem Einzeller ein Mehrzeller? Wie spalteten sich die ersten Lebensformen in Tiere und Pflanzen auf? Wie entstanden aus den „ersten" Weichtieren Fische? Wie entstanden aus den Fischen die landerobernden Amphibien? Wie entstanden aus Amphibien Reptilien? Wie entstanden aus Reptilien Vögel und Säugetiere? Wie entstand der Mensch?

Es gibt zwei grundlegende Evolutionshypothesen, die erklären sollen, wie aus der einen Art eine neue Art entstehen soll. Körperformen verändern sich nur dann erblich, wenn sich die Genstruktur verändert. Entweder verändert sich die Genstruktur sprunghaft, oder sie verändert sich über langsame, unmerkliche Schritte.

Man kann die Genstruktur eines funktionierenden Körpers mit dem Text eines Buches vergleichen. Dieser Vergleich ist sehr gut, weil er uns einen konkreten Eindruck von dem vermittelt, worum es überhaupt geht, wenn wir von „Genstruktur" sprechen.

Die organischen Informationsträger (Chromosomen, DNS, RNS) sind riesig lange Stränge mit einer ganz bestimmten Abfolge von Gen-Elementen. Die Schlüsselfunktion kommt hierbei der DNS zu, die in jeder Zelle vorhanden ist. Die DNS ist eine Kette von Bausteinen, deren Reihenfolge die Erbinformation eines Organismus enthält. Die DNS ist eine sog. „Doppelhelix", das heißt, sie besteht aus zwei Kettenmolekülen, die spiralförmig ineinander gewunden sind. Jedes dieser Kettenmoleküle besteht aus Millionen von Gliedern, die sich jedoch nur aus vier verschiedenen Bausteinen (Nukleotiden) zusammensetzen. Die genetische Information läßt sich mit einer Information vergleichen, die schriftlich durch das sinnvolle Aneinanderreihen von Buchstaben formuliert wird. Tatsächlich setzt sich der genetische Code aus einem „Alphabet" zusammen, das zwar nur vier Buchstaben aufweist, doch diese vier Buchstaben setzen sich in vielfacher Kombination zu sinnvollen Sätzen zusammen. Bei Bakterien hat die DNS einige Millionen Bausteine, bei höheren Lebensformen viele Milliarden und Billiarden. In einer Zelle gibt es aber nicht nur die DNS, sondern z. B. auch noch die Proteine, die Mitochondrien usw. Die „Schrift" der DR-Nukleinsäure hat vier Buchstaben, die Protein-„Schrift" hat 20.

Die Zellen teilen sich konstant. Das bedeutet erstens, daß sich die gesamte milliardenfache Erbinformation einer jeden Zelle identisch kopieren muß. Und nicht nur das: Die Verdoppelung einer Zelle bedeutet, daß auch der Kopierapparat sich selbst kopiert!

Jede Zelle ist also wie ein Buchtext mit Milliarden von Buchstaben. Wie groß ist nun die Möglichkeit, daß durch einen blinden Eingriff die Buchstaben vertauscht werden, so daß ein neuer, selbständiger Text entsteht? Wie groß ist die Wahrscheinlichkeit, daß Fehler erzeugt werden? Wie groß ist die Wahrscheinlichkeit, daß nach der Veränderung ein neuer Satz entsteht, der inhaltlich und grammatikalisch richtig ist? Und wie groß ist die Möglichkeit, daß aus dem Buchstabenvorrat des Buches ein neues Buch entsteht? Noch viel geringer als die Wahrscheinlichkeit, daß organische Materie aus einer zufälligen Kombination von Atomen entstand, und diese Wahrscheinlichkeit haben wir bereits als absurde Unwahrscheinlichkeit kennengelernt.

Die Genstruktur eines jeden Körpers enthält zahllose, vielschichtige Informationen, genauso wie der Text eines Buches. Die heute überall gelehrte „Wahrheit" der Evolution besagt nun folgendes: Neue Arten entstehen durch zufällige neue Genkombinationen. Durch Mutationen, d. h. durch zufällige Veränderungen in der Reihenfolge der Gen-Buchstaben, entsteht ein neues Buch, und zwar nicht nur ein Buch mit gleichem, sondern mit größerem Umfang! Denn die Evolutionshypothese behauptet, daß aus einfachen Formen kompliziertere Formen entstanden seien.

Wenn die Genstruktur mit einem Mal verändert würde, müßte ein Knorpelfisch plötzlich einen Knochenfisch gebären, oder ein Amphibium ein Reptil, ein Reptil ein Säugetier, eine Antilope eine Giraffe, usw. Oder die Entwicklung geht unmerklich vonstatten: Irgendwo entsteht aufgrund von UV-Strahlung, genetischem Kopierfehler oder eines radioaktiven Einflusses bei dem Vertreter einer Art eine geringfügige Änderung in der Genstruktur, so daß – in einem seltenen Ausnahmefall – eine kleine Verbesserung der körperlichen Konstruktion eintritt. Bei der Fortpflanzung wird sich diese nur einmal vorhandene Verbesserung jedoch wieder vermischen und verlieren, denn es ist unmöglich, daß bei einem zweiten Vertreter derselben Art dieselbe

Verbesserung eingetreten ist und daß sich diese beiden dann auch noch treffen und paaren. Und selbst dann würde die Änderung verloren gehen, was jeder Tierzüchter bestätigen kann. Hinzu kommt noch, daß durch solche Veränderung nie neue Arten, sondern nur neue Rassen entstehen!

Man kann also die materialistischen Thesen – vom Urknall über die Biogenese bis zur neodarwinistischen Evolutionstheorie – mit bestem Willen drehen und wenden wie man will, sie sind und bleiben Unsinn.

Dennoch wird dieses absurde, in jedem Gedankengang unmögliche Szenario von intelligenten Menschen weltweit geglaubt, und auf der Grundlage dieses Weltbildes wurde eine neue menschliche Rasse gezüchtet, die völlig gedankenlos handelt und das Leben der Erde stört und immer mehr zerstört.

Alle anderen Kronzeugen der Evolution, wie die genetische „Verwandtschaft" von Menschen und Tieren, die Entwicklungsstufen des Embryos oder der „Affenklammereffekt" von neugeborenen Menschen, sind Projektionen des evolutionären Wunschdenkens auf Fakten, die ganz andere Erklärungen haben können als die angebliche Evolution.

Als Beispiel dafür, wie das Denkschema „Evolution" die Urteilskraft vereinnahmt, diene der „Affenklammereffekt".

Der Affenklammereffekt bei neugeborenen Menschen

Einer der meistgezogenen Trümpfe des Evolutionismus ist der folgende: *„Der Mensch stammt vom Affen ab, und das beweist jedes neugeborene Kind. Gibt man dem Neugeborenen einen Stab in die Hände, reagiert es sofort mit einem Affenklammereffekt und hält sich am Stab fest, und zwar so fest, daß – wenn man den Stab hochhebt – das neugeborene Kind sich daran festklammert und sein eigenes Körpergewicht hält – eine Fähigkeit, die das Kind später verliert."*

Gemäß der Evolutionstheorie hat sich die Linie der Affen und Menschen schon vor über zehn Millionen Jahren von einem gemeinsamen Hauptstamm, dem der sogenannten Primaten, abgetrennt. Von den damaligen Primaten wird gesagt, sie seien die primitiven, raubtierähnlichen Affen- und Menschenvorfahren gewesen. Aber es ist nicht einmal sicher, ob diese bereits in den Bäumen lebten. Wie soll der Mensch also von diesen Primatenvorfahren einen „Affenklammerreflex" geerbt haben?

Artenabspaltung geschieht, laut Evolutionstheorie, durch eine zufällige Mutation des Erbgutes, wodurch der Konstruktionsplan des Körpers der Nachkommen verändert wird. Wenn aus einem Primaten ein „Mensch" entsteht, dann bedeutet das, daß dessen

Genstruktur in eine neue Genstruktur umgewandelt wird, sonst würde ja keine neue Art, sondern nur eine neue Nebenrasse des entsprechenden Primaten entstehen. Wie soll da im menschlichen Erbgut noch ein Klammereffekt gespeichert sein?

Spuren von früheren Verbindungen mit tierischen Lebensformen werden – gemäß vedischer Erklärung – nicht in den Genen gespeichert, sondern im feinstofflichen Körper (Unterbewußtsein). Weil der Affe – und nicht der Primat – tatsächlich eine mögliche letzte Tierform auf dem Weg der Seele zum Menschenkörper darstellt, ist es nicht verwunderlich, daß dieser für ein Affenbaby überlebensnotwendige Reflex auch noch im unterbewußten Programm des neugeborenen Menschen vorhanden ist.

Beweist der Klammereffekt irgend etwas, dann nicht die Evolution, sondern die Reinkarnation!

Biblischer Kreationismus – die einzige Alternative?

Der einzige laute Einspruch gegen die Evolutionstheorie kommt aus dem Lager der fundamentalistischen Religionen, insbesondere aus dem Lager der Kreationisten. In Amerika ist diese Bewegung sehr einflußreich, und sie führt einen vehementen Kampf gegen alle Andersgläubigen, denen sie mit dem „Teufel" und mit „ewiger Hölle" droht. Es gibt bereits Kongreß- und Parlamentsmitglieder, die sich zu diesem Glauben bekennen.

Weil ich den religiösen Fanatismus für eine noch größere Bedrohung der Menschheit halte als den Materialismus, möchte ich das Thema des Kreationismus („Schöpfungsglaube") kurz beleuchten und ihn von der vedischen Genesis unterscheiden. Mein Hauptanliegen ist es aufzuzeigen, daß der Kreationismus nicht die einzige Alternative zum Evolutionismus darstellt. Die vedische Offenbarung ist nicht nur eine Alternative, sondern eine Synthese, denn sie vermag logisch und wissenschaftlich den göttlichen Ursprung von Materie und Leben zu erklären. Sie spricht ebenfalls von einer „Evolution", aber nicht von einer unsinnigen Evolutionstheorie, die behauptet, Leben entstehe aus Materie. Vielmehr zeigt sie, wie die Gesamtheit der Planeten und des darauf bestehenden Lebens als universale, organische

Einheit einer zyklischen Evolution unterliegt und sich multidimensional entwickelt.

In Amerika und immer mehr auch in Europa und den anderen Kontinenten wird die Evolutionskritik auf die Auseinandersetzung „Kreationisten gegen Evolutionisten" beschränkt. Wie bereits zu Beginn dieses Kapitels erwähnt wird, ist dies ein guter Trick, um die Aufmerksamkeit von den eigentlich wichtigen Kritikpunkten abzulenken.

Weil die vedische Offenbarung ebenfalls – auf den ersten Blick ähnlich wie der Kreationismus – von einem Schöpfer, einer göttlich allmächtigen Kraft/Person („Gott", im Sanskrit Visnu bzw. Krsna) ausgeht, möchte ich hier die beiden klar auseinanderhalten.

Die Analyse des Materialismus (Evolutionismus) verhalf uns zu einem vertiefteren Verständnis von dem, was „Leben" nicht ist, nämlich ein Produkt von Materie. Ebenso wird uns die Analyse des Fundamentalismus (Kreationismus) zu einem vertiefteren Verständnis von dem verhelfen, was „Gott" nicht ist, nämlich ein willkürlicher Schöpfer.

Das Problem der Fundamentalisten besteht darin, daß sie sich einzig und allein auf ihre eigenen heiligen Schriften berufen (was an sich nicht schlecht ist), was jedoch dazu führt, daß sie aufgrund dieser fanatischen Einseitigkeit nicht einmal ihre eigenen Schriften mehr richtig verstehen. Sie isolieren ihre Schriften, indem sie jede historische Wurzel der

Schrift verleugnen und andere heilige Schriften verteufeln.

Ein Beispiel hierfür sind die biblischen Kreationisten. Für sie ist die Bibel die isolierte, einzige Offenbarung Gottes in einem historischen Vakuum. Doch wer sich nicht solche Scheuklappen aufsetzt, erkennt sogleich, daß zwischen allen offenbarten Schriften Parallelen bestehen, was auf nichts anderes hinweist, als daß sie alle aus derselben Quelle stammen. Das wird besonders deutlich bei dem biblischen Schöpfungsbericht (Genesis) in den ersten zwei Kapiteln des 1. Buches Mose.

Erstens einmal muß man sich klar vor Augen halten, daß am Anfang der Bibel zwei Schöpfungsberichte festgehalten sind. Der erste beschreibt die Schöpfung des Universums mit allen Lebewesen und den Menschen in sieben „Tagen", und der zweite beschreibt die Erschaffung von Adam und Eva und die Geschichte vom Paradies. Daß hier zwei verschiedene Berichte vorliegen, ist für die meisten Theologen und auch für den unbefangenen Leser offensichtlich. Für diejenigen, die andere religiöse Schriften als nur die Bibel kennen, werden sogleich auch die Parallelen sichtbar: Der Bericht von ersten Menschen bis hin zu einer Sintflut findet sich auch in sumerischen Quellen – dort sogar noch ausführlicher. Der Schöpfungsbericht der sieben „Tage" hingegen findet sich in den vedischen Quellen, und zwar ebenfalls viel ausführlicher (was nicht schwierig ist, denn in der Bibel umfaßt dieser Schöpfungsbericht nur 31 Verse). Der Streit um die

Interpretation der sieben Tage entbrennt immer um die Frage, ob der Ausdruck wörtlich oder symbolisch gemeint sei. Dabei begehen beide Gegner denselben Fehler: Sie projizieren das Paradigma der linearen Zeit auf die Schöpfung. Die Beschreibung von „sieben Tagen" impliziert jedoch einen abgestuften Schöpfungszyklus oder eine Schöpfungsspirale. Die vedische Beschreibung von den sieben Schöpfungen ist in den Purana-Schriften ein häufiges Thema. Aus diesen detaillierten Offenbarungen geht hervor, daß es hier nicht um einen linearen oder chronologischen Schöpfungsablauf geht, sondern um Schöpfungsebenen. Die Schöpfung ist kein einmaliger, sondern ein konstanter Vorgang! Immer wieder entstehen und vergehen geschaffene Formen und gehen von der einen in die andere Dimension über, von denen es – grob unterteilt – sieben gibt. Sie entstehen nacheinander, indem aus den höheren (subtilen oder geistigen) sukzessive die niedrigeren (manifesten oder verdichteten) Dimensionen hervorgehen. Das „Nacheinander" ist jedoch keine lineare Chronologie, weil die Dimensionen in ihrem siebten Zustand allesamt bestehenbleiben und durch einen konstanten Schöpfungsfluß verbunden sind.

Im Westen wurde diese Parallele zum ersten Mal von der Theosophin H. P. Blavatsky hervorgehoben: „Die sieben Schöpfungen finden sich fast in einem jeden Purana. ... In der Bibel sind die sieben Perioden zu sechs Schöpfungstagen und dem siebenten, dem Ruhetage, zusammengeschrumpft, und die Westlichen hängen am Buchstaben. Wenn, in der indischen Philosophie, der wirkende Schöpfer die

Welt der Götter, die Keime aller undifferenzierten Elemente und die Anfänge der künftigen Sinne hervorgebracht hat – kurz gesagt, die Welt der Dinge an sich –, so bleibt das Weltall durch einen Tag des Brahma oder eine Periode von 4'320'000'000 Jahren unverändert. Dies ist die siebente passive Periode, oder der „Sabbath" der östlichen Philosophie ..."

Im ersten Schöpfungsbericht der Bibel heißt es, Gott habe am sechsten „Tag" den Menschen erschaffen. Durch eine Vermischung der beiden Schöpfungsberichte kommen die Kreationisten zum Schluß, Gott habe am sechsten Tag Adam und Eva erschaffen. Auf der Grundlage dieses doppelten Fehlgriffes (Vermischung und lineare Zeitprojektion) berechnen sie nun das Datum der Schöpfung, denn die Nachkommen von Adam und Eva sind genau aufgelistet, mit Namen und Lebenslänge. So kommen sie darauf, Gott habe die Schöpfung ein paar Jahrtausende vor Christus vorgenommen. Sie beharren darauf, daß mit dem Wort „Tag" irdische 24-Stunden-Tage gemeint seien, obwohl die Sonne erst am vierten Tag erschaffen wurde, die Erde aber schon am ersten und die Pflanzen und Bäume am dritten, noch vor der Sonne! Die kreationistische Erklärung lautet hier, ein „Tag" sei nicht unbedingt von der Sonne abhängig. Gott habe während der ersten drei Tage einfach eine andere Lichtquelle in den Himmel gehängt oder vielleicht sogar selbst geleuchtet.

Diejenigen, die auf der Grundlage der Bibel oder des Korans an einen 6-Tage-Kreationismus glauben, haben jedoch den Vorteil, dass sie nicht in den Paradigmen der Evolutionstheorie gefangen sind, weshalb sie viele schlagende Argumente gegen diese Theorie vorbringen können. Sie zeigen auf, dass vieles in dieser Theorie einem materialistischen Glauben mit einer entsprechenden Interpretation entspringt, sowohl in Fragen der Biologie als auch der Genetik, der Archäologie und der Geologie.

Zum Beispiel zeigt eine neutrale Betrachtung der geologischen Schichten, dass solche Schichten vielerorts nicht über eine lange Zeit allmählich und langsam abgelagert wurden, sondern innerhalb einer kurzen Zeit durch Wasserfluten, Vulkanablagerungen usw. In der kritischen Durchleuchtung und Widerlegung materialistischer Doktrinen haben kreationistische Wissenschaftler wertvolle Arbeit geleistet. Leider gehen aber auch sie mit ihren Interpretationen in eine Einseitigkeit und verabsolutieren ihre eigene Interpretation der Bibel bzw. des Korans und verteufeln dabei alle anderen Religionen und Glaubensrichtungen.

Aus vedischer Sicht stellen sowohl die Evolutionstheorie als auch der fundamentalistische Kreationismus einseitige Betrachtungsweisen dar, die heute durch eine ganzheitliche, theistische Sicht überwunden werden können.

Diese Ausführungen zeigen auf, daß heute nicht nur in den Wüstenländern ein religiöser Fanatismus ausgebrütet wird, sondern auch in den Industrieländern. Das erste Symptom des Fanatismus macht sich daran erkennbar, daß alle anderen Religionen und Gottesoffenbarungen verfälscht dargestellt werden, um sie unglaubwürdig zu machen. So schreibt z. B. der holländische Biologe und Kreatonist Dr. W. Ouweneel: „Zur Zeit Moses glaubten die Hindus, die Erde werde auf dem Rücken von Elephanten getragen, die auf einer großen Schildkröte ständen, welche in einem Weltmeer umherschwämme. Die Bibel kennt nichts von solch einem Unsinn. ... Eine solche Vorstellung verrät ihren primitiven heidnischen Ursprung – doch diese Art Unsinnigkeiten fehlen in der Bibel vollständig."

Immer wieder wird im „Namen von Gott" versucht, Gott zum Schweigen zu bringen. Mit ihrem Absolutheitsanspruch sprechen die Fundamentalisten Gott das Recht ab, sich verschiedenen Menschen verschieden zu offenbaren. Sonst müßten sie sich nämlich eingestehen, daß ihre offenbarten Texte nicht die einzigen und wahrscheinlich auch nicht die höchsten Offenbarungen enthalten.

Und genau das ist der Fall: Gott spricht mit System, nicht mit Schablone. Er will alle Geschöpfe (nicht nur jene der Erde, sondern aller Planeten und aller Universen) zum höchsten Ziel führen und offenbart deshalb die gesamte Treppe mit allen Stufen bis hin zum Ziel.

Der unantastbare Glaube der fundamentalistischen Gläubigen entspringt der fundamentalen Angst davor, sich entwickeln und noch etwas Zusätzliches lernen zu müssen. Deshalb projizieren sie ihre Ängste auf Feindbilder und liebäugeln sogar sehnsüchtig mit der Inquisition (Todesstrafe für Andersdenkende!): „Als er (Galilei] 1633 durch die Inquisition verurteilt wurde, geschah das mindestens ebenso sehr wegen seines satirischen und streitlüsternen Vorgehens wie wegen seiner eigentlichen Lehre. Würde man heute nicht ebenfalls einen Wissenschaftler ablehnen, der alle, die nicht mit ihm einig sind, ‚intellektuelle Zwerge' und ‚dumme Idioten' nennt? Kann man sich nicht denken, daß die Inquisition – wie viele Fehler sie auch gemacht haben mag – solch einen Menschen etwas leisere Töne anschlagen ließ ...?"

Diese zynische Scheinheiligkeit ist nicht etwa ein verirrter Einzelfall. Der deutsche Informatiker und Kreationist Dr. W. Gitt schreibt: „Jeder einzelne muß sich aufmachen und in Bekehrung (Apg 3,19) und Wiedergeburt (Joh 3,3) das Heil empfangen. Der Evangelist Wilhelm Pahls sagte darum einmal sehr treffend: „Wer nicht zweimalgeboren ist, dem wäre es besser, er wäre nie geboren. (!]' " Ein „Heide" wäre also besser gar nie geboren worden! (Warum läßt „Gott" dann überhaupt die Geburt von „Heiden" zu?) Durch Gottes Fügung rutschen solchen Menschen manchmal ihre faschistisch-pseudoreligiösen Geheimnisse raus, so daß jeder hören kann, woher sie kommen und wohin sie führen. **Wer Ohren hat, der höre!**

Genauso wie Fanatismus und Dogmatismus keine Alternativen sein können, können auch der Materialismus und Evolutionismus keine Alternativen sein. Die Menschen sind heute aufgefordert, nicht gleichgültig zu sein und sich auch nicht mit Halbwahrheiten zufriedenzugeben. Notwendig ist eine echte Wissenschaft und eine echte Religion, das heißt eine religiöse Wissenschaft und eine wissenschaftliche Religion.

(Armin Risi - Philosoph • Autor • Referent)

Äquivalenz von Masse und Energie

Die Äquivalenz von Masse und Energie oder kurz E = mc² ist ein 1905 von Albert Einstein im Rahmen der speziellen Relativitätstheorie entdecktes Naturgesetz.

Es besagt, dass die Masse m und Ruheenergie E eines Objekts zueinander proportional sind:

Die Proportionalitätskonstante c ist dabei die Lichtgeschwindigkeit.

Eine Änderung der inneren Energie eines Systems bedeutet daher auch eine Änderung seiner Masse. Durch den großen konstanten Umrechnungsfaktor \textstyle c^2 gehen Energieumsätze, wie sie im Alltag typisch sind, mit nur kleinen, kaum messbaren Änderungen der Masse einher. So erhöht z. B. die elektrische Energie, die in einer durchschnittlichen Autobatterie gespeichert ist, deren Masse um lediglich 0,03 µg.

In der Kernphysik, der Elementarteilchenphysik und der Astrophysik tritt die Äquivalenz von Masse und Energie weit stärker in Erscheinung. Die Masse von Atomkernen ist aufgrund der Bindungsenergie um knapp ein Prozent kleiner als die Summe der Massen ihrer ungebundenen Kernbausteine. Trifft ein Elektron auf sein Antiteilchen (das Positron), zerstrahlen sie sich gegenseitig. Dabei geht ihre ganze Energie einschließlich ihrer Ruheenergie in die Strahlungsenergie von neu entstehenden Teilchen über, meist Photonen. Die Masse von Teilchen und Antiteilchen wird dabei folglich vernichtet.

Bewusstsein

Bewusstsein (lateinisch conscientia „Mitwissen" und altgriechisch s??e?d?s?? syneídesis „Miterscheinung", „Mitbild", „Mitwissen", s??a?s??s?? synaísthesis „Mitwahrnehmung", „Mitempfindung" und f????s?? phrónesis von f???e?? phroneín „bei Sinnen sein, denken") ist im weitesten Sinne das Erleben mentaler Zustände und Prozesse. Eine allgemein gültige Definition des Begriffes ist aufgrund seines unterschiedlichen Gebrauchs mit verschiedenen Bedeutungen schwer möglich. Die naturwissenschaftliche Forschung beschäftigt sich mit definierbaren Eigenschaften bewussten Erlebens.

Das Wort „Bewusstsein" wurde von Christian Wolff als Lehnübersetzung des lateinischen conscientia geprägt. Das lateinische Wort hatte ursprünglich eher Gewissen bedeutet und war zuerst von René Descartes in einem allgemeineren Sinn gebraucht worden. Der Begriff „Bewusstsein" hat im Sprachgebrauch eine sehr vielfältige Bedeutung, die sich teilweise mit den Bedeutungen von „Geist" und „Seele" überschneidet. Im Gegensatz zu diesen Begriffen ist „Bewusstsein" jedoch weniger von theologischen und dualistisch-metaphysischen Gedanken bestimmt, weswegen er auch in den Naturwissenschaften verwendet wird.

Man unterscheidet heute in der Philosophie und Naturwissenschaft verschiedene Aspekte und Entwicklungsstufen:

Bewusstsein als „belebt-sein" oder als „beseelt-sein" in verschiedenen Religionen oder als die unbegrenzte Wirklichkeit in mystischen Strömungen.

Bei Bewusstsein sein: Hier ist der wachbewusste Zustand von Lebewesen gemeint, der sich unter anderem vom Schlaf-zustand, der Bewusstlosigkeit und anderen Bewusstseinszuständen abgrenzt. In diesem Sinn lässt sich Bewusstsein empirisch und objektiv beschreiben und teilweise eingrenzen. Viele wissenschaftliche Forschungen setzten hier an; insbesondere mit der Fragestellung, auf welche Weise Gehirn und Bewusstsein zusammenhängen.

Bewusstsein als phänomenales Bewusstsein: Ein Lebewesen, das phänomenales Bewusstsein besitzt, nimmt nicht nur Reize auf, sondern erlebt sie auch. In diesem Sinne hat man phänomenales Bewusstsein, wenn man etwa Schmerzen hat, sich freut, Farben wahrnimmt oder friert. Im Allgemeinen wird angenommen, dass Tiere mit hinreichend komplexer Gehirnstruktur ein solches Bewusstsein haben. Phänomenales Bewusstsein wurde in der Philosophie des Geistes als Qualia-problem thematisiert.

Bewusstsein als gedankliches Bewusstsein: Ein Lebewesen, das gedankliches Bewusstsein besitzt, hat Gedanken. Wer also etwa denkt, sich erinnert, plant und erwartet, dass etwas der Fall ist, hat ein solches Bewusstsein. In der Philosophie des Geistes wurde es als Intentionalitäts-problem thematisiert.

Bewusstsein des Selbst: Selbstbewusstsein in diesem Sinne haben Lebewesen, die nicht nur phänomenales und gedankliches Bewusstsein haben, sondern auch wissen, dass sie ein solches Bewusstsein haben.

Individualitätsbewusstsein besitzt, wer sich seiner selbst und darüber hinaus seiner Einzigartigkeit als Lebewesen bewusst ist und die Andersartigkeit anderer Lebewesen wahrnimmt. Man trifft es beim Menschen und andeutungsweise im Verhalten einiger anderer Säugetierarten an.

Die Verwendung des Begriffes Bewusstsein ist in der Regel auf eine dieser Bedeutungen und damit auf eine Eingrenzung angewiesen. Auch drücken sich in den verschiedenen Verwendungsweisen oft unterschiedliche Weltanschauungen aus.

Bewusstsein als Rätsel

In einem materialistischen Weltbild entsteht das Rätsel des Bewusstseins anhand der Frage, wie es prinzipiell möglich sein kann, dass aus einer bestimmten Anordnung und Dynamik von Materie die Vorstellung von Bewusstsein entsteht.

In einem nicht-materialistischen Weltbild kann aus dem Wissen über die physikalischen Eigenschaften eines Systems keine Aussage über das Bewusstsein abgeleitet werden. Hier wird angenommen: Auch wenn zwei verschiedene Lebewesen A und B sich in exakt dem gleichen neurophysiologisch funktionalen

Zustand befänden (der Naturwissenschaftlern komplett bekannt sei), könne A bewusst sein, während B es nicht sei. Die theoretische Möglichkeit eines solchen „Zombies" ist unter Philosophen höchst umstritten.

Philosophischen Gedankenexperimenten zufolge könne ein Mensch genauso funktionieren, wie er es jetzt tut, ohne dass er es bewusst erlebe (siehe: Philosophischer Zombie). Genauso könne eine Maschine sich genauso verhalten wie ein Mensch, ohne dass man ihr Bewusstsein zuschreiben würde (siehe: Chinesisches Zimmer). Die Vorstellbarkeit dieser Situationen lege offen, dass das Phänomen des Bewusstseins aus naturwissenschaftlicher Sicht noch nicht verstanden sei. Und schließlich scheine es anders als bei anderen Problemen ungeklärt, anhand welcher Kriterien eine Lösung des Problems überhaupt als solche erkennbar sein könnte.

In der Philosophie war das Rätsel des Bewusstseins schon lange bekannt. Es geriet aber in der ersten Hälfte des 20. Jahrhunderts unter dem Einfluss des Behaviorismus und der Kritik von Edmund Husserl am Psychologismus weitgehend in Vergessenheit. Dies änderte sich nicht zuletzt durch Thomas Nagels 1974 veröffentlichten Aufsatz What is it like to be a bat? (Wie ist es, eine Fledermaus zu sein?) Nagel argumentierte, dass wir nie erfahren würden, wie es sich anfühlt, eine Fledermaus zu sein. Diese subjektiven Vorstellungen seien aus der Außenperspektive der Naturwissenschaften nicht erforschbar. Heute teilen manche Philosophen die Rätselthese – etwa David Chalmers, Frank Jackson, Joseph Levine und Peter Bieri, während andere hier kein Rätsel erkennen - etwa Patricia Churchland, Paul Churchland und Daniel Dennett.

Für die Vertreter der Rätselhaftigkeit des Bewusstseins äußert sich diese in zwei verschiedenen Aspekten: Zum einen hätten Bewusstseinszustände einen Erlebnis-gehalt, und es sei nicht klar, wie das Gehirn Erleben produzieren könne. Dies sei das Qualiaproblem. Zum anderen könnten sich Gedanken auf empirische Sachverhalte beziehen und seien deshalb wahr oder falsch. Es sei aber nicht klar, wie das Gehirn Gedanken mit solchen Eigenschaften erzeugen könne. Das sei das Intentionalitäts-problem.

Das Qualiaproblem

Qualia seien Erlebnisgehalte von mentalen Zuständen. Man spricht auch von Qualia als dem „phänomenalen Bewusstsein". Das Qualiaproblem bestehe darin, dass es keine einsichtige Verbindung zwischen neuronalen Zuständen und Qualia gebe: Warum erleben wir überhaupt etwas, wenn bestimmte neuronale Prozesse im Gehirn ablaufen? Ein Beispiel: Wenn man sich die Finger verbrenne, würden Reize zum Gehirn geleitet, dort verarbeitet und schließlich ein Verhalten produziert. Nichts aber mache es zwingend, dass dabei ein Schmerzerlebnis entstehe.

Die zum Teil unbekannte Verbindung zwischen den neuronalen Prozessen und den angenommenen Qualia scheine fatal für die naturwissenschaftliche Erklärbarkeit von Bewusstsein zu sein: Wir hätten nämlich nur dann ein Phänomen naturwissenschaftlich erklärt, wenn wir auch seine Eigenschaften erklärt haben. Ein Beispiel: Wasser hat die Eigenschaften bei Raumtemperatur und normalen Luftdruck flüssig zu sein, bei 100 °C zu kochen usw. Wenn man einfach nicht erklären könnte, warum Wasser normalerweise flüssig ist, so gäbe es ein „Rätsel des Wassers". Analog dazu: Wir hätten einen Bewusstseinszustand genau dann erklärt, wenn Folgendes gelte: Aus der wissenschaftlichen Beschreibung folgen alle Eigenschaften des Bewusstseinszustands – also auch die Qualia. Da die Qualia aber eben aus keiner naturwissenschaftlichen Beschreibung folgten, blieben sie ein „Rätsel des Bewusstseins".

Es gebe viele verschiedene Möglichkeiten, auf das Qualiaproblem zu reagieren:

Man könne sich auf einen Dualismus zurückziehen und behaupten: Die Naturwissenschaften könnten das Bewusstsein nicht erklären, weil das Bewusstsein nicht materiell sei.
Man könne behaupten, dass mit den neuro- und kognitionswissenschaftlichen Beschreibungen schon alle Fragen geklärt seien.
Man könne behaupten, dass das Problem für Menschen nicht lösbar sei, da es ihre kognitiven Fähigkeiten übersteige.

Man könne zugeben, dass das Qualiaproblem nicht gelöst sei, aber auf den wissenschaftlichen Fortschritt hoffen. Vielleicht bedürfe es einer neuen wissenschaftlichen Revolution.

Man könne einen radikalen Schritt versuchen und behaupten: In Wirklichkeit gebe es gar keine Qualia.

Man könne umgekehrt die Gegenposition einnehmen und behaupten: Jedem Zustand eines physischen Systems entspreche ein Quale oder ein Satz von Qualia (Panpsychismus).

Das Intentionalitätsproblem

Die Annahme des Intentionalitätsproblems ist analog der Annahme des Qualiaproblems. Die grundlegende argumentative Struktur ist die gleiche. Auf Franz Brentano und seine Aktpsychologie geht die Ansicht zurück, dass die meisten Bewusstseinszustände nicht nur einen Erlebnisgehalt hätten, sondern auch einen Absichtsgehalt. Das heißt, dass sie sich auf ein Handlungsziel beziehen. Ausnahmen seien Grundstimmungen wie Langeweile, Grundhaltungen wie Optimismus und etwa nach Hans Blumenberg auch Formen der Angst.

Beim Intentionalitätsproblem werden ähnliche Lösungsvorschläge vertreten wie beim Qualiaproblem. Doch es gibt noch weitere Möglichkeiten. Man kann nämlich auch versuchen zu erklären, wann sich eine neuronale Aktivität auf etwas (etwa X) bezieht. Drei Vorschläge sind:

Jerry Fodor meint, dass sich ein neuronaler Prozess genau dann auf X bezieht, wenn er in einer bestimmten kausalen Relation zu X steht.
Fred Dretske meint, dass sich ein neuronaler Prozess genau dann auf X bezieht, wenn er ein verlässlicher Indikator für X ist.
Ruth Millikan meint, dass sich ein neuronaler Prozess genau dann auf X bezieht, wenn es die evolutionäre Funktion des Prozesses ist, X anzuzeigen.

Manche Philosophen, etwa Hilary Putnam und John Searle, halten Intentionalität für naturwissenschaftlich nicht erklärbar.

Innenperspektive und Außenperspektive

Es wird oft zwischen zwei Zugängen zum Bewusstsein unterschieden. Zum einen gebe es eine unmittelbare und nicht-symbolische Erfahrung des Bewusstseins, auch Selbstbeobachtung genannt. Zum anderen beschreibe man Bewusstseinsphänomene aus der Außenperspektive der Naturwissenschaften. Eine Unterscheidung zwischen der unmittelbaren und der symbolisch vermittelten Betrachtungsweise wird von vielen Philosophen nachvollzogen, auch wenn einige Theoretiker und Theologen eine scharfe Kritik an der Konzeption des unmittelbaren und privaten Inneren geübt haben. Baruch Spinoza etwa nennt die unmittelbare, nicht-symbolische Betrachtung „Intuition" und die Fähigkeit zur symbolischen Beschreibung „Intellekt".

Es wird manchmal behauptet, dass die Ebene der unmittelbaren Bewusstseinserfahrung für die „Erkenntnis der Wirklichkeit" die eigentlich entscheidende sei. Nur in ihr sei der Kern des Bewusstseins, das subjektive Erleben, zugänglich. Da diese Ebene allerdings nicht direkt durch eine objektive Beschreibung zugänglich sei, seien auch den naturwissenschaftlichen Erkenntnissen auf dem Gebiet des Bewusstseins Grenzen gesetzt.

Bewusstsein, Materialismus und Dualismus

Die aufs Bewusstsein bezogenen antimaterialistischen Argumente basieren meist auf den oben diskutierten Konzepten Qualia und Intentionalität. Die argumentative Struktur ist dabei folgende: Wenn der Materialismus wahr sei, dann müssten Qualia und Intentionalität reduktiv erklärbar sein. Sie seien aber nicht reduktiv erklärbar. Also sei der Materialismus falsch. In der philosophischen Debatte wird die Argumentation allerdings komplexer. Ein bekanntes Argument stammt etwa von Frank Cameron Jackson. In einem Gedankenexperiment gibt es die Superwissenschaftlerin Mary, die in einem schwarz-weißen Labor aufwächst und lebt. Sie hat noch nie Farben gesehen und weiß daher nicht, wie Farben aussehen. Sie kennt aber alle physikalischen Fakten über Farbensehen. Da sie aber nicht alle Fakten über Farben kenne (sie wisse nicht, wie sie aussehen), gebe es nicht-physikalische Fakten. Jackson schließt daraus, dass es nicht-physische Fakten gebe und der Materialismus falsch sei. Gegen dieses Argument sind verschiedene materialistische Erwiderungen vorgebracht worden (vgl. Qualia).

Gegen derartige dualistische Argumente sind zahlreiche materialistische Repliken entwickelt worden. Sie beruhen auf den oben beschriebenen Möglichkeiten, auf die Konzepte von Qualia und Intentionalität zu reagieren. Es existiert daher eine Vielzahl von materialistischen Vorstellungen vom Bewusstsein. Funktionalisten wie Jerry Fodor und der frühe Hilary Putnam wollten das Bewusstsein in Analogie zum Computer durch eine abstrakte, interne Systemstruktur erklären. Identitätstheoretiker wie Ullin Place und John Smart wollten Bewusstsein direkt auf Gehirnprozesse zurückführen, während eliminative Materialisten wie Patricia und Paul Churchland Bewusstsein als gänzlich unbrauchbaren Begriff einstufen. Detailliertere Beschreibungen finden sich im Artikel Philosophie des Geistes.

Selbstbewusstsein im ersten Sinne ist insbesondere durch René Descartes ein zentrales Thema der Philosophie geworden. Descartes machte das gedankliche Selbstbewusstsein durch seinen berühmten Satz „cogito, ergo sum" („ich denke, also bin ich") zum Ausgangspunkt aller Gewissheit und damit auch zum Zentrum seiner Erkenntnistheorie. Descartes Konzeption blieb allerdings an seine dualistische Metaphysik gebunden, die das Selbst als ein immaterielles Ding postulierte. In Immanuel Kants transzendentalem Idealismus blieb die erkenntnistheoretische Priorität des Selbstbewusstseins bestehen, ohne dass damit Descartes Metaphysik übernommen wurde. Kant argumentierte, dass das Ich die „Bedingung, die alles Denken begleitet" (KrV A 398), sei, ohne dabei ein immaterielles Subjekt zu postulieren.

In der Philosophie der Gegenwart spielt die Frage nach dem Bewusstsein vom Selbst nicht mehr die gleiche zentrale Rolle wie bei Descartes oder Kant. Dies liegt auch daran, dass das Selbst oft als ein kulturelles Konstrukt aufgefasst wird, dem kein reales Objekt entspreche. Vielmehr lernten Menschen im Laufe der ontogenetischen Entwicklung ihre Fähigkeiten, ihren Charakter und ihre Geschichte einzuschätzen und so ein Selbstbild zu entwickeln. Diese Überzeugung hat zu verschiedenen philosophischen Reaktionen geführt. Während etwa die Schriftstellerin Susan Blackmore die Aufgabe der Konzeption vom Selbst fordert, halten manche Philosophen das Selbst für eine wichtige und positiv zu bewertende Konstruktion. Prominente Beispiele sind hier Daniel Dennetts Konzeption vom Selbst als einem „Zentrum der narrativen Gravitation" und Thomas Metzingers Theorie der Selbstmodelle.

Im Zusammenhang mit religiösen Vorstellungen von einer Seele und einem Leben nach dem Tod (siehe z. B. Judentum, Christentum und Islam) spielen die Begriffe Geist (Gottes) und Seele eine wesentliche Rolle für das Verständnis von Bewusstsein. Demnach könne menschliches Bewusstsein nicht - wie von den Wissenschaften versucht - allein als Produkt der

Natur oder Evolution, sondern ausschließlich im Zusammenhang mit einer transpersonalen oder transzendenten Geistigkeit verstanden und erklärt werden. Diese göttliche Geistigkeit sei es, welche – wie alles natürlich Belebte – auch das Bewusstsein „lebendig mache" bzw. „beseele", d. h. zur menschlichen Ich–Wahrnehmung befähige.

Im Tanach heißt es, die „rûah" (hebräisches Wort für Geist, oder synonym auch im Zusammenhang mit „næfæsch", Seele, gebraucht) haucht dem Geschöpf Leben ein. Sie ist es, welche die Lebensfunktionen geistiger, willensmäßiger und religiöser Art ausübt. Auch im Neuen Testament wird erklärt, dass der Leib erst durch den Geist Gottes zum eigentlichen Leben kommt. Es heißt z. B.: „Der Geist (Gottes) ist es, der lebendig macht; das Fleisch nützt nichts" (Joh 6,63 EU). Bei Paulus war die Unterscheidung zwischen dem Reich des Geistes (vgl. ewiges Ich) und dem Reich des Fleisches (sterbliche Natur) zentral. Sinngleiches findet sich auch im Koran, wo es z. B. heißt, dass Gott Adam von seinem Geist einblies und ihn auf diese Weise lebendig machte (Sure 15:29; 32:9; 38:72). Im Lehrsystem des basrischen Mutaziliten an-Nazzam (st. 835-845) wird der Geist als Gestalt bzw. Wesen dargestellt, die sich wie ein Gas mit dem Leib vermischt und ihn bis in die Fingerspitzen durchdringt, sich beim Tode aber wieder aus dieser Verbindung löst und selbständig (vgl. „ewiges Ich") weiterexistiert.[14]

Im Christentum werden die Begriffe Seele und Geist (auch „Heiliger Geist") scharf vom Geist des

Menschen unterschieden. Dies ergibt sich auch daraus, dass erstere Begriffe in ihrer Bedeutung näher an der Metaphysik klassischer christlicher Fundamentaltheologie und Philosophie sind: Sie legen nämlich die Existenz eines nichtmateriellen Trägers von Bewusstseinszuständen nahe. Dennoch spielt der Begriff des Bewusstseins auch in modernen christlichen Debatten eine Rolle. Dies geschieht etwa im Kontext von Gottesbeweisen. So wird argumentiert, dass die Interaktion zwischen immateriellen Bewusstseinszuständen und dem materiellen Körper nur durch Gott erklärbar sei oder dass die interne Struktur und Ordnung des Bewusstseins im Sinne des teleologischen Gottesbeweises auf die Existenz Gottes schließen lasse.

Verschiedene buddhistische Traditionen und hinduistische Yoga-Schulen haben gemeinsam, dass hier die direkte und ganzheitliche Erfahrung des Bewusstseins im Mittelpunkt steht. Mit Hilfe der Meditation oder anderer Übungstechniken würden bestimmte Bewusstseinszustände erfahren, indem personale und soziale Identifikationen abgebaut würden. Eine besondere Unterscheidung wird hier zur Bewusstheit getroffen, die ein volles Gewahrsein (awareness) des momentanen Denkens und Fühlens bedeute. Sie solle erreicht werden durch die Übung der Achtsamkeit. Einsichten in die „Natur" des Bewusstseins sollten so über eine eigene Erfahrung gewonnen werden, die über einen rein reflektierten und beschreibenden

Zugang hinausgehe. Das Konzept der Trennung von Körper und Geist oder Gehirn und Bewusstsein werde als eine Konstruktion des Denkens erfahren. Generell wollten alle mystisch-esoterischen Richtungen in den Religionen (z. B. Gnostizismus, Kabbala, Sufismus, u. a.) eine Bewusstseinsveränderung des Menschen bewirken. Tatsächlich zeigen „neurotheologische" Forschungen mit bildgebenden Verfahren, dass durch langjährige Meditationspraxis ungewöhnliche neuronale Aktivitätsmuster und sogar neuroanatomische Veränderungen entstehen können.

Seele

Der Ausdruck Seele hat vielfältige Bedeutungen, je nach den unterschiedlichen mythischen, religiösen, philosophischen oder psychologischen Traditionen und Lehren, in denen er vorkommt. Im heutigen Sprachgebrauch ist oft die Gesamtheit aller Gefühlsregungen und geistigen Vorgänge beim Menschen gemeint. In diesem Sinne ist „Seele" weitgehend mit dem Begriff Psyche synonym. „Seele" kann aber auch ein Prinzip bezeichnen, von dem angenommen wird, dass es diesen Regungen und Vorgängen zugrunde liegt, sie ordnet und auch körperliche Vorgänge herbeiführt oder beeinflusst.

Darüber hinaus gibt es religiöse und philosophische Konzepte, in denen sich „Seele" auf ein immaterielles Prinzip bezieht, das als Träger des Lebens eines Individuums und seiner durch die Zeit hindurch beständigen Identität aufgefasst wird. Oft ist damit die Annahme verbunden, die Seele sei hinsichtlich ihrer Existenz vom Körper und damit auch dem physischen Tod unabhängig und mithin unsterblich. Der Tod wird dann als Vorgang der Trennung von Seele und Körper gedeutet. In manchen Traditionen wird gelehrt, die Seele existiere bereits vor der Zeugung, sie bewohne und lenke den Körper nur vorübergehend und benutze ihn als Werkzeug oder sei in ihm wie in einem Gefängnis eingesperrt. In vielen derartigen Lehren macht die unsterbliche Seele allein die Person aus; der vergängliche Körper wird als unwesentlich oder als Belastung und Hindernis für die Seele betrachtet. Zahlreiche Mythen und religiöse Dogmen machen Aussagen über das Schicksal, das der Seele nach dem Tod des Körpers bevorstehe. In einer Vielzahl von Lehren wird angenommen, dass eine Seelenwanderung (Reinkarnation) stattfinde, das heißt, dass die Seele nacheinander in verschiedenen Körpern eine Heimstatt habe.

In der modernen Philosophie wird ein breites Spektrum von stark divergierenden Ansätzen diskutiert. Es reicht von Positionen, die von der Existenz einer eigenständigen, körperunabhängigen seelischen Substanz ausgehen, bis zum eliminativen Materialismus, dem zufolge alle Aussagen über Mentales unangemessen sind, da ihnen nichts in der Realität entspreche; vielmehr seien alle scheinbar „mentalen" Zustände und Vorgänge restlos auf Biologisches reduzierbar. Zwischen diesen radikalen Positionen stehen unterschiedliche Modelle, die zwar Mentalem nicht die Realität absprechen, aber den Begriff der Seele nur bedingt in einem mehr oder weniger schwachen Sinn zulassen

Die religiösen und philosophischen Konzepte indischen Ursprungs fußen teils auf der vedischen Religion, aus der sich die verschiedenen Strömungen des Hinduismus entwickelt haben. Einige Lehren stehen jedoch in scharfem Gegensatz zur Autorität des vedischen Schrifttums: Buddhismus, Sikhismus und Jainismus. Ein gemeinsames Merkmal aller indischen Traditionen ist, dass sie keinen Unterschied zwischen menschlichen Seelen und den Seelen anderer Lebensformen (Tiere, Pflanzen, auch Mikroben) machen.

Die alten indischen Lehren mit Ausnahme der materialistischen (nastika) und des Buddhismus gehen davon aus, dass der menschliche Körper von einer Vitalseele (jiva, wörtlich „Leben", „Lebewesen") beseelt wird, die zugleich Träger des individuellen Selbstbewusstseins (Ich-Seele) ist. Jede jiva kann aber auch ebenso jeden beliebigen anderen Lebewesen-Körper bewohnen. Im Kreislauf der Wiedergeburt (Samsara, Seelenwanderung) verbindet sie sich nacheinander mit zahlreichen menschlichen, tierischen und pflanzlichen Körpern. *Die Seele bzw. das Selbst hat demnach immer Priorität vor dem Körper und überdauert seinen Tod.* Im Buddhismus gilt dies statt für die Seele für die Gesamtheit der ein Individuum prägenden mentalen Faktoren. *Beim Tod trennt sich die Seele vom Körper. Die Ich-Seele ist daher zugleich Freiseele; als solche wird sie auch atman oder purusha genannt.*

Die traditionellen Systeme, die die Existenz einer Seele, eines Selbst oder den Körper überdauernder geistiger Bestandteile des Lebewesens annehmen, betrachten die Verbindung der Seele mit materiellen Körpern bzw. die Bildung eines Geist-Körper-Komplexes als einen Fehler und ein Unglück, dessen endgültige Beseitigung und künftige Vermeidung angestrebt wird. Der Weg dazu ist die Behebung der Unwissenheit. *Dies wird als Befreiung (moksha) aus dem Kreislauf bezeichnet und ist das*

Endziel der philosophischen oder religiösen Bestrebungen.

Ein wesentlicher Unterschied zu den im Westen dominierenden Seelenauffassungen platonischen oder christlichen Ursprungs besteht darin, dass in einem großen Teil der indischen religiös-philosophischen Lehren die individuelle Seele nicht als ewig betrachtet wird. Oft wird angenommen, dass sie sich eines Tages in einer übergeordneten, unpersönlichen metaphysischen Realität (Brahman) auflösen wird, mit der sie wesensgleich ist. Dieser Auffassung zufolge hat sie sich einst vom umfassenden Dasein des Brahman getrennt oder in die Illusion begeben, es gebe eine solche Trennung; wenn sie diesen Vorgang rückgängig macht, endet ihre individuelle Existenz bzw. die Selbsttäuschung, es gebe tatsächlich eine solche Existenz.[13] Zwecks Abgrenzung vom gängigen westlichen Seelenbegriff wird bei der Übersetzung und Kommentierung von Texten aus solchen Traditionen oft bewusst auf die Verwendung des Ausdrucks Seele verzichtet.

Seelenwanderung

In manchen Kreisen (Orphiker, Pythagoreer, Empedokles) wurde die Unsterblichkeitslehre mit der Vorstellung der Seelenwanderung verbunden und damit die Annahme einer natürlichen Bindung der Seele an einen bestimmten Körper aufgegeben. Der Seele wurde ein eigenständiges Dasein schon vor der Entstehung des Körpers und damit eine zuvor unbekannte Autonomie zugesprochen. Die früheste namentlich bekannte Persönlichkeit, die sich zur Seelenwanderung bekannte, war der um 583 geborene Pherekydes von Syros, dessen Schrift über die Götter allerdings nicht erhalten ist.(82] Sein etwas jüngerer Zeitgenosse und angeblicher Schüler Pythagoras verbreitete diese Lehre im griechisch besiedelten Süditalien; seine Prominenz verschaffte ihr in weiten Kreisen Bekanntheit. Die frühen Pythagoreer meinten, dass die Seelen der Menschen auch in Tierleiber eingehen; sie gingen davon aus, dass zwischen menschlichen und tierischen Seelen kein Wesensunterschied bestehe.

Die Frage nach dem Sitz der Seele

Schon in der Antike wurde versucht, den Sitz der Seele im Körper zu ermitteln und auch einzelne psychische Funktionen zu lokalisieren. Heraklit verglich die Seele mit einer Spinne, die in der Mitte ihres Netzes sitzt und, sobald eine Fliege einen der Fäden zerreißt, schnell herzueilt, als würde ihr der Schaden im Netz Schmerz bereiten. So wie die Spinne begebe sich die Seele, wenn ein Körperteil verletzt sei, schleunig dorthin, als wäre ihr die Verletzung des Körpers unerträglich. Aristoteles hielt das Gehirn für blutlos und meinte daher, es könne für die Verarbeitung der Sinneswahrnehmungen keine Rolle spielen. Im Zeitalter des Hellenismus gingen die Meinungen über den Ort des Steuerungszentrums (hegemonikón) der mentalen Vorgänge auseinander; die Lokalisierung im Herzen wurde von einem großen Teil der Gelehrten vertreten, während andere für das Gehirn plädierten. Schon im 3. Jahrhundert v. Chr. untersuchte der Anatom Herophilos von Chalkedon die vier Hirnventrikel; er vermutete das wichtigste Steuerungszentrum im vierten (hintersten) Ventrikel.

Ein Hauptvertreter der Gehirnhypothese war der berühmte Arzt Galenos (2. Jahrhundert), der anatomisch argumentierte. Er meinte zwar, dass die Seele sich im Gehirn befinde, ortete sie aber nicht im Ventrikelsystem und wies die einzelnen Verstandestätigkeiten nicht bestimmten Hirnbereichen zu. Diese Zuweisung ist erst im späten vierten Jahrhundert bezeugt (Poseidonios von Byzanz, Nemesios von Emesa). Nemesios bezeichnete die beiden vorderen Ventrikel als die Organe, die für die Auswertung der Sinneswahrnehmungen und das Vorstellungsvermögen (phantastikón) zuständig sind, den mittleren als Organ des Denkvermögens (dianoetikón) und den hintersten als Organ des Gedächtnisses (mnemoneutikón). Er argumentierte, man könne dies bei Schädigungen einzelner Ventrikel erkennen, die jeweils zur Störung oder zum Verlust der zugehörigen mentalen Funktionen führen, und erklärte damit auch unterschiedliche psychische Krankheiten.

In der hebräischen Bibel, dem Tanach, stellen „Seele" und Körper Aspekte des als Einheit aufgefassten Menschen dar. Die den Körper belebende Kraft – in religionswissenschaftlicher Terminologie die Körperseele oder Vitalseele – heißt im biblischen Hebräisch nefesch, neschama oder auch ru'ach . Alle drei Begriffe bezeichnen ursprünglich den Atem.

Neschama ist der Lebensatem, den laut dem Buch Genesis Gott seinem aus Erde geformten Geschöpf Adam in die Nase einblies, womit er ihn zu einem lebendigen Wesen (nefesch) machte. Die konkrete Grundbedeutung von nefesch ist „Atem" und „Atemweg", „Kehle" sowie wegen des Fehlens einer begrifflichen Unterscheidung zwischen Luft- und Speiseröhre auch „Gurgel", „Schlund". Daher bezeichnet das Wort auch die Quelle des mit der Nahrungsaufnahme verbundenen Verlangens (Hunger und Durst, Appetit und Gier) und in erweitertem Sinne auch den Sitz von sonstigem Begehren, von Leidenschaften und Gefühlen wie Rachedurst, Sehnen und Zuneigung. Nefesch ist als der belebende Atem die Lebenskraft, die den Menschen beim Tode verlässt, und das Leben, das bedroht, riskiert oder ausgelöscht wird. Im weitesten Sinne steht nefesch auch für den gesamten Menschen mit Einbeziehung des Körpers und bedeutet dann „Person" (auch beim Zählen von Personen). Der Mensch hat nicht eine nefesch, sondern er ist sie und lebt als nefesch. Daher wird nefesch auch als Ersatz für ein Pronomen verwendet, etwa in der Bedeutung von „jemand". Der Gott JHWH hat eine nefesch, bei der er schwört; sie kommt im Tanach einundzwanzigmal vor, allerdings nicht in allen seinen Teilen. Der physische Träger der Lebenskraft ist das Blut. Ob das Wort nefesch sogar „Leichnam" bedeuten konnte, ist strittig. Jedenfalls ist die in älteren deutschen Übersetzungen des Tanach übliche Wiedergabe mit Seele unpassend. Der Tanach schreibt nefesch weder eine Existenz vor der Entstehung des Körpers noch Unsterblichkeit zu, und nefesch tritt nirgends losgelöst vom Körper auf. Außerdem ist weder nefesch noch neschama noch ru'ach etwas spezifisch Menschliches; alle drei Ausdrücke werden auch für Tiere verwendet. Bei ru'ach verbinden sich die Bedeutungen „Atem", „Wind" und „Geist". Das Wort leb („Herz") bezeichnet neben dem physischen Organ auch die Lebenskraft, den Sitz der intellektuellen Fähigkeiten und der Gefühle, des Willens und der Entschlüsse und im weitesten Sinne die ganze Person.

Teile des späten, insbesondere des hellenistischen Judentums kannten eine Fortexistenz des Menschen nach seinem irdischen Tode, die für einen Teil der Autoren mit einer leiblichen Auferstehung verbunden sein musste, während andere an eine vom Körper losgelöste Seele dachten. Es wurde ein Weltgericht beschrieben, in welchem die Toten nach ihren Werken gerichtet werden.

In den Schriften aus der Zeit des Zweiten Tempels und im Judentum der Diaspora (vor und nach der Zerstörung des Tempels im Jahre 70 n. Chr.) bestanden widersprüchliche Vorstellungen nebeneinander. Die rabbinischen Theologen vertraten sehr unterschiedliche Ansichten. Einerseits wurde die „Seele" weiterhin mit dem Leben oder der Person gleichgesetzt, andererseits übernahmen griechisch beeinflusste gebildete Juden aus dem Platonismus und den philosophischen Strömungen des Hellenismus die Auffassung der Seele als eines eigenständigen, unabhängig vom Körper existierenden Wesens. Unter ihnen war die Ansicht verbreitet, die Seele sei himmlischer Herkunft, der Leib irdischen Ursprungs. Die Essener nahmen nach dem Bericht des jüdischen Geschichtsschreibers Flavius Josephus eine unsterbliche, feinstoffliche Seele an, die im Körper wie in einem Gefängnis lebt und beim Tode befreit wird. Die Pharisäer glaubten an eine Auferstehung, die Sadduzäer hingegen bestritten Unsterblichkeit und Auferstehung.

Der im frühen 1. Jahrhundert tätige, stark vom Platonismus beeinflusste Philosoph Philon von Alexandrien meinte, die Vernunftseele sei zwar für ein ewiges Leben bestimmt, doch seien manche Seelen nicht in der Lage, diese Bestimmung zu erfüllen. Die Unsterblichkeit komme nicht von Natur aus allen Seelen zu, sondern sei die Belohnung für richtiges Verhalten während des irdischen Lebens. Nur den Tugendhaften sei die Ewigkeit beschieden, für schlechte Menschen sei der Tod des Körpers mit Auslöschung ihrer Seelen verbunden.

Bei amoräischen Gelehrten kam die Annahme der Präexistenz der Seele hinzu. Um 300 n. Chr. lehrte

Rabbi Levi, Gott habe sich mit den Seelen beraten, bevor er sein Schöpfungswerk ausführte

Eine Anknüpfung an Seelenvorstellungen antiken Ursprungs ist in der Neuzeit sowohl in religiösweltanschaulichem Kontext als auch in der Kunst erfolgt. Insbesondere in der Moderne und bis in die Gegenwart sind Einzelpersonen sowie neue religiöse oder weltanschauliche Bewegungen und Gemeinschaften mit eigenen Seelenlehren hervorgetreten, die sie oft empirisch, jedoch subjektiv, d. h. auf der Basis persönlicher Erfahrungen begründen. Häufig berufen sich die Vertreter dieser Lehren auf Aussagen einzelner Personen, die den Anspruch erheben, durch ihre Erfahrungen einen Zugang zu Wissen über die Seele erlangt zu haben. In manchen Fällen wird behauptet, den ursprünglichen Verkündern der Lehren seien Neuoffenbarungen von Gott, von Christus oder von Boten Gottes oder Geistwesen zuteilgeworden. Andere Anhänger neuer Seelenkonzepte führen das beanspruchte Wissen auf eine Fähigkeit zu außersinnlicher Wahrnehmung zurück. Oft wird an traditionelle Seelenvorstellungen angeknüpft. Wie im Platonismus und der platonisch beeinflussten christlichen Tradition wird die Seele oder zumindest ihr Kern als immaterielle, vom Körper trennbare und unvergängliche Substanz beschrieben. In der modernen Esoterik sind zahlreiche Konzepte verbreitet, die auf dieser Grundannahme basieren. Dabei werden auch Begriffe wie „Selbst" synonym zu „Seele" verwendet.(240] Zum Teil handelt es sich um

Weiterentwicklungen von Gedankengut indischen Ursprungs mit entsprechender Terminologie.

Die Seelenkunde bildet einen wichtigen Bestandteil der von Helena Petrovna Blavatsky (1831–1891) begründeten Theosophie sowie der von Rudolf Steiner (1861–1925) begründeten Anthroposophie und des auf Steiners Weltanschauung fußenden Gedankenguts der Christengemeinschaft.

Blavatsky ging von einer Dualität des geistigen Menschen aus, der aus einer sterblichen und einer unsterblichen Seele bestehe; die unsterbliche sei göttlicher Natur und mit dem Nous gleichzusetzen. Den Aufenthalt der Seele im Körper betrachtete Blavatsky als Gefangenschaft und Verunreinigung und daher als Übel. Dabei berief sie sich sowohl auf die platonische Tradition als auch auf die buddhistische Deutung des menschlichen Daseins.

Rudolf Steiner bekämpfte die Ansicht, der Mensch bestehe aus zwei Teilen, Leib und Seele. Ihr stellte er die anthroposophische Auffassung entgegen, der zufolge eine „dreigliedrige Einteilung der menschlichen Wesenheit" anzunehmen ist. Die drei Glieder seien Körper, Seele und Geist. Auch die Seele weise eine Dreigliederung auf; sie sei aus der Empfindungsseele, der Verstandes- oder Gemütsseele und der Bewusstseinsseele zusammengesetzt. Die Empfindungsseele sei für die Sinneswahrnehmungen zuständig, sie sei auch der Sitz der Triebe, Begierden und

Willensimpulse. Die Verstandes- oder Gemütsseele wandle die Affekte der Empfindungsseele in höhere Regungen wie etwa Wohlwollen um. Die Bewusstseinsseele sei diejenige seelische Instanz, die durch das Denken nach der Erkenntnis einer in ihr selbst gegenwärtigen Wahrheit strebe. Diese Seelenlehre hat Steiner in zahlreichen Publikationen detailliert dargelegt.

Im Spiritismus wird die Totenbeschwörung praktiziert. Spiritisten behaupten, mit den Geistern Verstorbener kommunizieren zu können. Die Annahme eines Fortlebens nach dem Tode ist daher die Grundvoraussetzung einer spiritistischen Weltanschauung. Zwar ist in der spiritistischen Literatur oft nicht von Seelen, sondern von Geistern die Rede, doch ist dabei mit „Geist" ein als unsterblich und vom Körper unabhängig geltender Teil des Menschen gemeint, also das, was in vielen traditionellen Seelenlehren als Seele oder Geistseele bezeichnet wird. Allan Kardec, ein führender Theoretiker des Spiritismus, verwendete die Begriffe „Seele" und „Geist" synonym.

In der Parapsychologie werden die Phänomene, auf die sich die Spiritisten als empirische Grundlage ihrer Theorie berufen, unterschiedlich gedeutet. Die erörterten Erklärungen zerfallen in mehrere Hauptgruppen, wobei zwei Deutungstypen in der Diskussion im Vordergrund stehen: die „animistische Hypothese" und die „spiritistische Hypothese" oder „survival hypothesis". Die spiritistische Hypothese besagt, es handle sich vermutlich zumindest bei einem Teil der Phänomene tatsächlich um reale Kontakte mit fortlebenden Verstorbenen, das heißt – je nach Terminologie – mit deren Seelen, Geistern oder Astralleibern. Unter dem Begriff „animistische Hypothese" werden Deutungen zusammengefasst, die alles, was nicht mit normaler Informationsübermittlung erklärbar zu sein scheint, auf verschiedene Formen von außersinnlicher Wahrnehmung zurückführen. Diese Modelle kommen ohne die Annahme realer Geistwesen aus

Die Frage nach dem Sitz der Seele war in der Renaissance weiterhin aktuell. Averroistisch gesinnte Gelehrte des 15. und 16. Jahrhunderts waren der Meinung, der Intellekt sei nicht an einer bestimmten Stelle lokalisiert und habe kein eigenes Organ, sondern agiere im gesamten Körper. Als unpersönliche und unvergängliche Instanz sei er nicht an körperliche Funktionen gebunden. Gegen diese Auffassung wandten sich sowohl Thomisten als auch nichtaverroistische Aristoteliker und von der Denkweise des Kirchenvaters Augustinus beeinflusste Humanisten. Für die Befürworter eines Seelenorgans kam als Ausgangsbasis für eine Klärung der Frage die Untersuchung der Hirnventrikel in Betracht. Diesem Ansatz folgte Leonardo da Vinci, der induktiv argumentierte. Er meinte, die Natur erzeuge nichts Unzweckmäßiges und daher lasse sich aus dem Studium der von ihr hervorgebrachten Strukturen erschließen, welches organische System den seelischen Funktionen zugeordnet sei. Diesem

Grundsatz folgend wies Leonardo dem ersten Ventrikel die Aufnahme der Sinnesdaten zu, dem zweiten Ventrikel das Vorstellungs- und Urteilsvermögen und dem dritten die Funktion des Gedächtnisspeichers.

Nach Descartes' dualistischem Konzept kann man die ausdehnungslose Seele nicht im Körper oder an irgendeinem Ort der materiellen Welt lokalisieren, doch gibt es eine Kommunikation zwischen Seele und Körper, die an einem auffindbaren Ort stattfinden muss. Descartes vermutete, die Zirbeldrüse, ein zentral im Gehirn gelegenes Organ, sei dieser Ort. Seine Vermutung wurde zwar bald von der Hirnforschung widerlegt, doch führte die Auseinandersetzung mit Descartes' Theorie zu zahlreichen neuen Hypothesen über den Ort des Seelenorgans. Albrecht von Haller (1708–1777) nahm an, dass das Seelenorgan über die gesamte weiße Hirnsubstanz verteilt sei.

Den letzten groß angelegten Versuch zur Lokalisierung des Seelenorgans unternahm der Anatom Samuel Thomas von Soemmerring in seiner 1796 veröffentlichten Schrift Über das Organ der Seele. Indem er den Hirnventrikeln eine zentrale Rolle bei der Kommunikation zwischen Seele und Körper zuwies, machte er die traditionelle Ventrikellehre zur Ausgangsbasis seiner Überlegungen. Neu war jedoch seine Argumentation. Er brachte vor, dass sich nur in der Ventrikelflüssigkeit die einzelnen Sinnesreizungen zu einem einheitlichen Phänomen verbinden könnten, und verwies darauf, dass die Enden der Hirnnerven bis zu den Ventrikelwänden reichen. Als Seelenorgan bestimmte er den Liquor cerebrospinalis, der die Hirnnerven umspüle und verbinde. Soemmerring beschränkte sich aber nicht auf empirische Aussagen, sondern behauptete, die Suche nach dem Seelenorgan sei das Thema der „trancendentalsten bis in die Gefilde der Metaphysik führenden Physiologie". Unterstützung erhoffte er von Immanuel Kant, der das Nachwort zu Über das Organ der Seele verfasste. Kant äußerte sich dort jedoch kritisch zu Soemmerrings Ausführungen. Aus grundsätzlichen Erwägungen erklärte er das Vorhaben, einen Seelensitz zu finden, für verfehlt. *Dies begründete er mit der Überlegung, die Seele könne sich selbst nur durch den inneren Sinn und den Körper nur durch äußere Sinne wahrnehmen; daraus folge, dass sie sich, wenn sie sich selbst einen Ort bestimmen wollte, mit demselben Sinn wahrnehmen müsste, mit dem sie die Materie wahrnehme; dies aber bedeute, dass sie sich „zum Gegenstand ihrer eigenen äußeren Anschauung machen und sich außer sich selbst versetzen müßte; welches sich widerspricht".*

Im 19. Jahrhundert kam die Suche nach einem Sitz und einem Organ der Seele zum Erliegen. Unter dem Einfluss neuer biowissenschaftlicher Entdeckungen etwa auf den Gebieten der Evolutionstheorie, der Elektrophysiologie und der organischen Chemie entstanden materialistische und monistische Modelle, die ohne den Begriff Seele auskommen. Für die Befürworter nichtmaterialistischer Modelle bleibt jedoch die Frage nach dem Ort der Interaktion von Geist und Körper weiterhin aktuell.

Für Georg Wilhelm Friedrich Hegel ist die Seele kein „fertiges Subjekt", sondern eine Entwicklungsstufe des Geistes. Zugleich stellt sie die „absolute Grundlage aller Besonderung und Vereinzelung des Geistes" dar. Hegel identifiziert sie mit dem passiven, rezeptiven Intellekt des Aristoteles, „welcher der Möglichkeit nach Alles ist".

Hegel wendet sich dezidiert gegen den neuzeitlichen Dualismus von Leib und Seele, den cartesianischen Gegensatz zwischen immaterieller Seele und materieller Natur. Die Frage nach der Immaterialität der Seele, die diesen Gegensatz schon voraussetzt, stellt sich für Hegel nicht, da er es ablehnt, in der Materie etwas Wahres und im Geist ein davon getrenntes Ding zu sehen. Vielmehr ist aus seiner Sicht die Seele „die allgemeine Immaterialität der Natur, deren einfaches ideelles Leben".(264] Daher ist sie stets auf die Natur bezogen. Sie ist nur dort, wo Leiblichkeit ist. Sie stellt das Prinzip der Bewegung dar, mit der die Leiblichkeit in Richtung auf das Bewusstsein transzendiert wird.

In ihrer Entwicklung durchläuft die Seele die drei Stadien einer „natürlichen", einer „fühlenden" und einer „wirklichen" Seele. Anfangs ist sie natürliche

Seele. Als solche ist sie noch völlig mit der Natur verwoben und empfindet deren Qualitäten zunächst nur unmittelbar. Das Empfinden ist das „gesunde Mitleben des individuellen Geistes in seiner Leiblichkeit". Es ist durch seine Passivität gekennzeichnet. Der Übergang zum Fühlen, in dem sich die Subjektivität zur Geltung bringt, ist fließend. „Die Seele ist als fühlende nicht mehr bloß natürliche, sondern innerliche Individualität." Zunächst befindet sich die fühlende Seele in einem Zustand der Dunkelheit des Geistes, da dieser noch nicht hinreichend zu Bewusstsein und Verstand gelangt ist. Hier besteht die Gefahr, dass das Subjekt in einer Besonderheit seines Selbstgefühls verharrt, statt diese zur Idealität zu verarbeiten und zu überwinden. Da der Geist hier noch nicht frei ist, kann es zur Geisteskrankheit kommen. Nur ein als Seele in einem dinglichen Sinne betrachteter Geist kann verrückt werden. Einen Entwicklungsfortschritt macht die fühlende Seele, wenn sie „das Besondere der Gefühle (auch des Bewußtseins) zu einer nur seienden Bestimmung an ihr reduziert". Dazu verhilft ihr die Gewohnheit, die als Übung erzeugt wird. *Die Gewohnheit wird mit Recht eine „zweite Natur" genannt, denn sie ist eine von der Seele gesetzte Unmittelbarkeit neben der ursprünglichen Unmittelbarkeit des Empfindens. Hegel wertet die Gewohnheit im Gegensatz zum gängigen herabsetzenden Sprachgebrauch positiv. Das Merkmal der dritten Entwicklungsstufe, der wirklichen Seele, ist „das höhere Erwachen der Seele zum Ich, der abstrakten Allgemeinheit",* wobei das Ich in seinem Urteil „die natürliche

Totalität seiner Bestimmungen als ein Objekt, eine ihm äußere Welt, von sich ausschließt und sich darauf bezieht" und in dieser Totalität *"unmittelbar in sich reflektiert ist"*. Hegel definiert die wirkliche Seele als *"die für sich seiende Idealität ihrer Bestimmtheiten"*.

Die Frage der Existenz der Seele

In der Diskussion des 20. Jahrhunderts sind unterschiedliche Bestimmungen des Begriffs „Seele" vorgeschlagen und unterschiedlichste Standpunkte zur Tauglichkeit des Begriffs und zu den verschiedenen Seelenkonzepten eingenommen worden. Grob schematisiert kann man folgende Positionen unterscheiden:

einen Realismus, welcher unter „Seele" eine eigene Substanz versteht, von der das Denken und Fühlen und andere geistige Akte ausgehen und die nur zeitweise an den Körper gebunden ist und ihn in diesem Zeitraum kontrolliert. Auch die Fortexistenz nach dem leiblichen Tod wird von einigen Metaphysikern und Religionsphilosophen verteidigt. Dies kommt meist einem platonischen oder cartesianischen Seelenbegriff gleich. In der christlichen Philosophie werden jedoch oft dezidiert antiplatonische Auffassungen vertreten, welche im Sinne einer ganzheitlichen Anthropologie Seele und Körper als Einheit betrachten.

einen Materialismus, welcher die Existenz einer Seele ablehnt und behauptet, dass alle Rede von

Seelischem reduzierbar ist auf Rede über körperliche und neuronale Zustände.

Im Detail jeweils schwieriger einzuordnende Positionen, welche zwar einen Materialismus ablehnen und Mentales für nicht nur real, sondern auch irreduzibel und oft auch kausal wirksam halten (etwa im Sinne einer Kontrolle von Körperzuständen), aber sich nicht auf den Begriff einer Seele in einem traditionellen Sinne festlegen, insbesondere nicht auf deren Unsterblichkeit.

In der modernen Philosophie des Geistes werden auch dualistische Positionen vertreten. Ein Typ von Argumenten bezieht sich dabei auf Gedankenexperimente, bei denen man sich entkörpert vorstellt. Eine entsprechende Überlegung von Richard Swinburne lässt sich wie folgt alltagssprachlich wiedergeben: „Wir können uns eine Situation vorstellen, in der unser Körper zerstört wird, aber unser Bewußtsein andauert. Dieser Bewußtseinsstrom benötigt einen Träger oder eine Substanz. Und damit diese Substanz identisch mit der Person vor dem körperlichen Tod ist, muß es etwas geben, was die eine Phase mit der anderen verbindet. Da der Körper zerstört wird, kann dieses Etwas nicht physikalische Materie sein: Es muß also etwas Immaterielles geben, und das nennen wir Seele." Auch William D. Hart beispielsweise hat einen cartesianischen Dualismus verteidigt mit dem Argument, dass wir uns vorstellen können, ohne Körper zu sein, gleichwohl aber unsere Akteurskausalität beizubehalten; da Vorstellbares möglich ist, können wir selbst also auch ohne Körper existieren, also sind wir selbst nicht notwendigerweise und damit nicht eigentlich an Materielles gebunden,

Mögliche Eigenschaften der Seele

Einfachheit

Das traditionelle Konzept einer unsterblichen Seele setzt voraus, dass sie nicht aus Teilen besteht, in die sie zerlegbar ist, da sie sonst vergänglich wäre. Andererseits wird ihr komplexe Interaktion mit der Umwelt zugeschrieben, was nicht mit der Vorstellung vereinbar ist, dass sie absolut einfach und unveränderlich sei. Swinburne nimmt daher im Rahmen seines dualistischen Konzepts an, dass die menschliche Seele eine kontinuierliche, komplexe Struktur aufweist. Dies folgert er aus der möglichen Stabilität eines Systems von miteinander verbundenen Ansichten und Begehren eines Individuums.(289]

Ludwig Wittgenstein hat die Auffassung vertreten, „daß die Seele – das Subjekt etc.- wie sie in der heutigen oberflächlichen Psychologie aufgefaßt wird, ein Unding ist. Eine zusammengesetzte Seele wäre nämlich keine Seele mehr."

Roderick M. Chisholm hat den Gedanken der „Einfachheit" (im Sinne von

Nichtzusammengesetztheit) der „Seele" wieder aufgegriffen. Dabei versteht er „Seele" gleichsinnig mit „Person" und beansprucht, dass dies auch die von Augustinus, Descartes, Bernard Bolzano und vielen anderen gemeinte Wortbedeutung sei. In diesem Sinne verteidigt er, wie auch in anderen Wortmeldungen zur Theorie der Subjektivität, dass unser Wesen fundamental anders beschaffen sei als das Wesen zusammengesetzter Entitäten.

Fortexistenz nach dem Tode

Während Materialisten die Existenz einer Seele verneinen und viele Dualisten den Begriff Seele nicht mehr in einem traditionellen Sinne verstehen, ist die Frage eines postmortalen Weiterlebens in den letzten Jahrzehnten wieder debattiert und teilweise positiv beantwortet worden. Lynne Rudder Baker unterscheidet sieben metaphysische Positionen, welche die Fortexistenz einer persönlichen Identität nach dem Tode bejahen:

Immaterialismus: die Fortdauer der Person beruht auf Selbigkeit der Seele vor und nach dem Tode
Animalismus: die Fortdauer der Person beruht auf Selbigkeit des lebenden Organismus vor und nach dem Tode
Thomismus: die Fortdauer der Person beruht auf Selbigkeit des Kompositums von Körper und Seele vor und nach dem Tode

Gedächtnistheorien: eine Person ist vor und nach dem Tod genau dann dieselbe, wenn eine psychische Kontinuität vorliegt

Seele als „Software": die Selbigkeit der Person ist analog derjenigen einer von Hardware (in diesem Fall dem Gehirn) unabhängigen Software

Seele als informationstragendes Muster: die Selbigkeit der Person beruht auf Selbigkeit eines Informationsmusters, das von der Körpermaterie getragen wird und nach dem Tod der Person wiederhergestellt werden kann

Konstitutionstheorien

Baker diskutiert, inwieweit sich diese Positionen als metaphysische Grundlage für den christlichen Auferstehungsglauben eignen. Dabei verwirft sie die ersten sechs Positionen und verteidigt dann eine Variante der siebten.

Die Seele als Ganzheit und ihr Verhältnis zum Geist

Abseits der Diskussion zwischen Dualisten und Materialisten hat sich im deutschen Sprachraum ein Seelenbegriff entwickelt, der seine Bestimmung in erster Linie daraus zieht, dass er die Seele als eine Ganzheit gegen den Geist und dessen Vielheit objektiver Inhalte abgrenzt.

Für Georg Simmel ist der Geist „der objektive Inhalt dessen, was innerhalb der Seele in lebendiger Funktion bewußt wird; Seele ist gleichsam die Form, die der Geist, d. h. der logisch-begriffliche Inhalt des Denkens, für unsere Subjektivität, als unsere Subjektivität, annimmt." Geist ist also verobjektivierte Seele. Seine Inhalte liegen in Teilen vor, während die Seele immer die Einheit des ganzen Menschen ausmacht.

Ähnlich sieht es Helmut Plessner, für den die Seele die Ganzheit des Menschen mit allem Wünschen und Wollen und allem unbewussten Drang ausmacht. Dem Geist kommt häufig die Aufgabe zu, der Seele bei der Befriedigung ihrer Wünsche zu dienen: „Geist wird von einem individuellen, unvertretbaren, sich wenigstens so wissenden Seelenzentrum erfaßt und wirkt auch so allein auf die physische Daseinssphäre." Damit meint Plessner jedoch nicht den auf Nietzsche zurückgehenden Zusammenhang von Körper und Intellekt, bei dem der Intellekt die Aufgabe hat, dafür zu sorgen, dass die natürlichen Bedürfnisse des Körper befriedigt werden. Geist meint bei Plessner den vollen kulturellen Gehalt aller menschlichen Selbst- und Weltverhältnisse. Während der Mensch aufgrund seiner exzentrischen Positionalität zwar einzelne Inhalte seines Geistes in objektivierter Form für sich fassbar machen kann, ist ihm das für seine Seele verwehrt, denn er kann sich niemals als Ganzes vor sich selbst bringen und über sich reflektieren.

Oswald Spengler betont ebenfalls die Einheit der Seele: „Eher ließe sich ein Thema von Beethoven mit

Seziermesser oder Säure zerlegen, als die Seele durch Mittel des abstrakten Denkens." Alle Versuche, Seelisches darzustellen, seien nur Bilder, die ihrem Gegenstand niemals gerecht werden. An Nietzsches starken Subjektivismus anknüpfend überträgt Spengler den Seelenbegriff zudem auf Kulturen: Jede große Kultur beginnt mit einer Grundauffassung der Welt, sie hat eine Seele, mit der sie der Welt gestaltend gegenübertritt. Kulturen formen sich geistig und materiell ihre je eigene „Wirklichkeit als den Inbegriff aller Symbole in Bezug auf eine Seele".

Ernst Cassirer erörtert die Seele im Rahmen seiner Philosophie der symbolischen Formen. Er meint, dass jede symbolische Form die Grenze zwischen Ich und Wirklichkeit nicht als feststehende im Voraus habe, sondern sie selbst erst setze. Daher sei auch für den Mythos zu vermuten, „daß er sowenig mit einem fertigen Begriff vom Ich oder von der Seele wie von einem fertigen Bild des objektiven Seins und Geschehens seinen Ausgang nimmt, sondern daß er beide erst zu gewinnen, erst aus sich heraus zu bilden hat." Eine Vorstellung von der Seele bilde sich erst langsam im Kulturprozess heraus. Damit es dazu kommen könne, müsse der Mensch erst die Trennung von Ich und Welt vollziehen, sich als Ich und Seele begreifen und aus dem Gesamtzusammenhang der Natur herauslösen. Die Vorstellungen von einer Seele als Einheit seien sowohl in der Religion als auch in der Philosophie erst späte Konzepte.

Bei Ludwig Klages wird aus dem Verhältnis von Geist und Seele eine Gegnerschaft, die sich zwangsläufig aus dem Wesen der beiden Pole ergibt. In seinem dreibändigen Hauptwerk Der Geist als Widersacher der Seele erläutert Klages, der hier stark von Friedrich Nietzsche beeinflusst ist, ausführlich seine These, dass der Geist und das Lebensprinzip, die Seele, „einander feindlich entgegengesetzt" seien. Der Geist, der philosophische und wissenschaftliche Systeme hervorbringt, sei starr, statisch und wirklichkeitsfremd. Er baue am Kerker des Lebens. Die Seele hingegen wandle sich beständig und sei fähig, sich in tiefem Erleben der Wirklichkeit hinzugeben. Sie sei vergänglich und solle ihre Vergänglichkeit als „Gebot des Sterbens" und Voraussetzung allen Lebens bejahen. Die Vorstellung einer unsterblichen Seele sei ein Produkt des lebensfeindlichen Geistes.

Rätselhafte Hinweise auf ein Leben nach dem Tod

Haben Menschen mit Nahtoderlebnissen ins Jenseits geblickt? Oder sind Nahtod-Zustände Halluzinationen infolge von Sauerstoffmangel? Das Phänomen ist eines der größten Mysterien der Wissenschaft.

Literatur

Jan N. Bremmer: Die Karriere der Seele. Vom antiken Griechenland ins moderne Europa. In: Bernd Janowski (Hrsg.): Der ganze Mensch. Zur Anthropologie der Antike und ihrer europäischen Nachgeschichte. Akademie Verlag, Berlin 2012, ISBN 978-3-05-005113-0, S. 173–198
Gerd Jüttemann u. a. (Hrsg.): Die Seele. Ihre Geschichte im Abendland. Psychologie Verlags Union, Weinheim 1991, ISBN 3-621-27114-7
Béla Révész: Geschichte des Seelenbegriffes und der Seelenlokalisation. Enke, Stuttgart 1917

Religionswissenschaft

Johann Figl, Hans-Dieter Klein (Hrsg.): Der Begriff der Seele in der Religionswissenschaft. Königshausen & Neumann, Würzburg 2002, ISBN 3-8260-2377-3
Hans-Peter Hasenfratz: Die Seele. Einführung in ein religiöses Grundphänomen. Theologischer Verlag, Zürich 1986, ISBN 3-290-11567-4

Philosophische Übersichts- und Gesamtdarstellungen

Katja Crone u. a. (Hrsg.): Über die Seele. Suhrkamp, Berlin 2010, ISBN 978-3-518-29516-8 (Aufsätze zur Philosophiegeschichte und Beiträge zur Diskussion im 21. Jahrhundert)
Sandro Nannini: Seele, Geist und Körper. Historische Wurzeln und philosophische Grundlagen der Kognitionswissenschaften. Peter Lang, Frankfurt

am Main 2006, ISBN 3-631-54883-4 (Gesamtdarstellung aus materialistischer Sicht)

Philosophiegeschichte

Jan N. Bremmer: The Early Greek Concept of the Soul. Princeton University Press, Princeton 1983, ISBN 0-691-06528-4

David B. Claus: Toward the Soul. An Inquiry into the Meaning of ???? before Plato. Yale University Press, New Haven 1981, ISBN 0-300-02096-1

Barbara Feichtinger (Hrsg.): Körper und Seele. Aspekte spätantiker Anthropologie. Saur, München 2006, ISBN 978-3-598-77827-8

Jens Holzhausen (Hrsg.): ???? – Seele – anima. Festschrift für Karin Alt zum 7. Mai 1998. Teubner, Stuttgart 1998, ISBN 3-519-07658-6 (enthält zahlreiche Beiträge zu Antike, Mittelalter und Neuzeit)

Hans-Dieter Klein (Hrsg.): Der Begriff der Seele in der Philosophiegeschichte. Königshausen & Neumann, Würzburg 2005, ISBN 3-8260-2796-5

Klaus Kremer (Hrsg.): Seele. Ihre Wirklichkeit, ihr Verhältnis zum Leib und zur menschlichen Person. Brill, Leiden 1984, ISBN 90-04-06965-8

John P. Wright, Paul Potter (Hrsg.): Psyche and Soma. Physicians and metaphysicians on the mind-body problem from Antiquity to Enlightenment. Clarendon Press, Oxford 2000, ISBN 0-19-823840-1

Moderner philosophischer Diskurs

Ansgar Beckermann: Das Leib-Seele-Problem. Eine Einführung in die Philosophie des Geistes. Wilhelm Fink, Paderborn 2008, ISBN 978-3-7705-4571-1 (Darstellung aus naturalistischer Sicht)

Mark C. Baker, Stewart Goetz (Hrsg.): The Soul Hypothesis. Investigations into the Existence of the Soul. Continuum, New York 2011, ISBN 978-1-4411-5224-4 (Aufsatzsammlung; Argumente aus dualistischer Sicht)

Georg Gasser, Josef Quitterer (Hrsg.): Die Aktualität des Seelenbegriffs. Interdisziplinäre Zugänge. Schöningh, Paderborn 2010, ISBN 978-3-506-76905-3 (Aufsatzsammlung; nichtnaturalistische Ansätze)

Marcus Knaup: Leib und Seele oder mind and brain? Zu einem Paradigmenwechsel im Menschenbild der Moderne. Karl Alber, Freiburg 2012, ISBN 978-3-495-48547-7 (Darstellung eines neuaristotelischen Ansatzes)

Simon L. Frank: Die Seele des Menschen. Versuch einer Einführung in die philosophische Psychologie (= Simon L. Frank: Werke in acht Bänden, Bd. 2). Alber, Freiburg im Breisgau 2008, ISBN 978-3-495-47936-0

Theologie

Wilhelm Breuning (Hrsg.): Seele: Problembegriff christlicher Eschatologie. Herder, Freiburg u. a. 1986, ISBN 3-451-02106-4

Godehard Brüntrup u. a. (Hrsg.): Auferstehung des Leibes – Unsterblichkeit der Seele. Kohlhammer, Stuttgart 2010, ISBN 978-3-17-020979-4

Heinrich Karpp: Probleme altchristlicher Anthropologie. Bertelsmann, Gütersloh 1950

Karl-Ludwig Koenen, Josef Schuster (Hrsg.): Seele oder Hirn? Vom Leben und Überleben der Personen nach dem Tod. Aschendorff, Münster 2012, ISBN 978-3-402-16056-5

Caspar Söling: Das Gehirn-Seele-Problem. Neurobiologie und theologische Anthropologie. Schöningh, Paderborn 1995, ISBN 3-506-78586-9

Beatrice La Farge: Leben und Seele in den altgermanischen Sprachen. Studien zum Einfluß christlich-lateinischer Vorstellungen auf die Volkssprachen (= Skandinavistische Arbeiten, 11). Winter, Heidelberg 1991, ISBN 978-3-8253-4416-0

Biologie

Olaf Breidbach: Die Materialisierung des Ichs. Zur Geschichte der Hirnforschung im 19. und 20. Jahrhundert. Suhrkamp, Frankfurt a. M. 1997, ISBN 3-518-28876-8

Michael Hagner: Homo cerebralis. Der Wandel vom Seelenorgan zum Gehirn. Insel, Frankfurt a. M. 2000, ISBN 978-3-458-34364-6

Herstellung und Verlag:
BoD - Books on Demand, Norderstedt
ISBN 978-3-7386-4874-4